Cibersegurança

Como proteger seus dados no mundo digital

Gerente/Publisher
Luís Américo Tousi Botelho

Coordenação Editorial
Ricardo Diana

Prospecção
Dolores Crisci Manzano

Administrativo
Verônica Pirani de Oliveira

Comercial
Aldair Novais Pereira

Edição e Preparação de Texto
Camila Lins, Vanessa Rodrigues Silva

Coordenação de Revisão de Texto
Marcelo Nardeli

Revisão de Texto
Júlia Campoy, Caique Zen Osaka

Coordenação de Arte, Projeto Gráfico e Capa
Antonio Carlos De Angelis

Editoração Eletrônica
Sandra Regina Santana

Coordenação de E-books
Rodolfo Santana

Impressão e Acabamento
Gráfica CS

Editora Senac São Paulo
Av. Engenheiro Eusébio Stevaux, 823 – Prédio Editora – Jurubatuba
CEP 04696-000 – São Paulo – SP
Tel. (11) 2187-4450
editora@sp.senac.br
https://www.editorasenacsp.com.br

Dados Internacionais de Catalogação na Publicação (CIP)
(Simone M. P. Vieira – CRB 8ª/4771)

Prokisch, Carlos A.
Cibersegurança: como proteger seus dados no mundo digital / Carlos A. Prokisch. – São Paulo : Editora Senac São Paulo, 2023.

Bibliografia.
ISBN 978-85-396-4939-6 (Impresso/2023)
e-ISBN 978-85-396-4061-4 (ePub/2023)
e-ISBN 978-85-396-5062-0 (PDF/2023)

1. Ciência da computação – Ética 2. Segurança digital 3. Fundamentos em cibersegurança 4. Segurança da informação – Legislação 5. Segurança da Informação – Medidas de segurança 6. Norma ISO 27002 : Gestão de segurança da informação 7. Ataques cibernéticos I. Título.

23-1864s CDD – 005.8
BISAC COM053000

Índice para catálogo sistemático
1. Ciência da computação : Segurança digital 005.8
2. Segurança da informação : Rede de Computadores 005.8

Carlos A. Prokisch

Cibersegurança

Como proteger seus dados no mundo digital

Editora Senac São Paulo – São Paulo – 2023

Sumário

Apresentação

Navegar com segurança na internet é fundamental. Com tantas informações disponíveis na rede, é preciso proteger esses dados e garantir sua privacidade.

Neste livro abordaremos questões importantes relacionadas à segurança cibernética e daremos uma visão geral dos principais tópicos que você precisa dominar para manter suas informações seguras. O livro está dividido em seis capítulos, ao final dos quais haverá sempre uma seção com práticas para exercitar os conceitos trabalhados.

Você aprenderá sobre confidencialidade, integridade, disponibilidade, autenticidade, irretratabilidade e conformidade e conhecerá os conceitos de engenharia social, hacktivismo e terrorismo cibernético, além dos principais tipos de crimes e de criminosos cibernéticos. Também discutiremos as motivações dos criminosos para atacar e roubar dados e como evitar cair em golpes.

Para isso, serão trabalhadas algumas ferramentas de proteção de informações, como firewall, antivírus, antispyware, criptografia, VPN, browser privado, backup e restauração e outras práticas de segurança cibernética: atualização de sistemas operacionais, uso de sistemas de segurança móveis, autenticação de dois fatores, biometria e softwares de segurança cibernética.

Tudo isso faz deste livro um guia prático para proteger suas informações on-line, visando preparar você, leitor e leitora, para um uso seguro da internet e para desafios e imprevistos relacionados à segurança na rede.

Boa leitura!

CAPÍTULO 1

Fundamentos em cibersegurança

Você conhece os principais ataques cibernéticos que pessoas ou empresas podem sofrer? Quais os riscos de ter suas informações vazadas e utilizadas para negócios ilícitos? Como evitar as ameaças cibernéticas? Neste primeiro capítulo vamos conhecer os fundamentos em cibersegurança.

TIPOS COMUNS DE ATAQUE

Todos sabemos como foi o período da pandemia: a maioria das pessoas em casa, esperando os testes das vacinas, depois a importação ou a fabricação delas e, então, a aplicação das doses para que a rotina começasse a voltar à normalidade. Após esse período em que o mundo ficou de quarentena, saindo apenas para fazer o essencial, as pessoas começaram a se adaptar a toda aquela situação que parecia não ter fim.

Para boa parte da população, a alternativa de vida social e profissional, bem como de lazer e de compras, foi utilizar a internet: as redes sociais, os aplicativos de comunicação, o streaming, o e-commerce e tudo o mais que pudesse ser feito on-line. Nesse cenário, os riscos, as ameaças e os golpes virtuais se intensificaram. Os ciberataques, esses inimigos ocultos, fizeram muita gente ficar no prejuízo, perder dinheiro, acumular dívidas e ter a identidade furtada por criminosos digitais.

Os ciberataques que mais fizeram vítimas, tanto grandes empresas quanto pessoas físicas, foram o phishing e o ransomware.

O phishing é um ataque cibernético em que o criminoso virtual pode utilizar o site de uma empresa ou um banco em que o usuário confia para "pescar" seus dados (daí o nome desse ataque, parecido com a palavra *fishing*, que em inglês quer dizer pescaria). Muitas vezes, o criminoso envia um link sobre alguma informação importante que o usuário precisa atualizar no banco ou em algum site de compra. Quando o usuário acessa esse e-commerce ou a instituição bancária, nem sempre desconfia do golpe, pois conhece aquele ambiente em termos visuais, e acaba digitando novamente o número dos documentos e do cartão de crédito. De posse desses dados, os criminosos cometem vários crimes cibernéticos.

O ransomware é um tipo de malware (software malicioso) que, ao ser instalado em computadores ou dispositivos móveis, executa um programa que bloqueia todo o acesso aos arquivos pessoais e de uso contínuo, seja dentro de uma empresa ou em casa. O ransomware cria uma criptografia que transforma todas as informações contidas em diversos arquivos em um único arquivo com uma senha quase impossível de descobrir. Quando o usuário precisa de algum arquivo, esse software malicioso solicita a senha para descriptografar os arquivos. O grande problema é que os criminosos pedem um resgate para dizer qual é essa senha e só a enviam mediante pagamento em moedas digitais, como Bitcoin, Ethereum ou qualquer moeda que não deixe rastros para ser utilizada.

Esses são exemplos que mostram como este livro de cibersegurança pode ajudar você a manter suas informações protegidas no mundo digital, repleto de usuários mal-intencionados aguardando uma desatenção sua para roubá-las ou sequestrá-las.

Figura 1.1 – Phishing.

No phishing, os dados do usuário são "pescados" de forma ilegal.

MERCADO PROFISSIONAL

O profissional que trabalha com cibersegurança tem que conhecer várias práticas hackers para combater os métodos de ataques cibernéticos e defender empresas e pessoas. Muitos profissionais podem atuar como autônomos, prestando consultoria e protegendo as informações em computadores e em dispositivos móveis.

São várias as competências e habilidades que precisam ser desenvolvidas por quem trabalha com cibersegurança, tanto em cursos como na própria vivência profissional. Entre aquelas relacionadas à segurança da informação e segurança cibernética, podemos citar:

- pesquisar sobre vulnerabilidades descobertas em softwares e aplicativos que as empresas utilizam no seu dia a dia;
- detectar falhas em sistemas operacionais e em redes;
- gerenciar servidores e proteger as informações internas e externas da empresa;
- orientar funcionários e terceiros sobre os procedimentos de segurança adotados pela empresa;
- identificar potenciais fontes de ataques e ameaças;
- criar relatórios mensais sobre o monitoramento de sistemas em redes e em computadores;
- supervisionar e aplicar correções em softwares e aplicativos;
- proteger as informações na nuvem;
- sempre melhorar e atualizar os softwares de segurança;
- garantir que os trabalhadores remotos tenham acesso às informações de onde estiverem;
- prevenir (e saber responder a) ataques cibernéticos, que se atualizam a todo instante.

O mercado profissional na área de cibersegurança está aberto a muitos campos: é possível atuar em empresas de comércio, na indústria e, conforme dito anteriormente, como autônomo. O trabalho pode ser totalmente remoto, presencial ou híbrido. O profissional de TI tem bastante demanda, e, quando falamos sobre cibersegurança, os melhores sempre estão sendo bem remunerados e consultados por grandes empresas. O que pode fazer a diferença é estudar para se atualizar e obter uma certificação na área de segurança da informação; isso fará você se destacar nesse mercado aquecido.

CONFIDENCIALIDADE

Oliveira (2019) afirma que toda informação deve ser entregue ao destinatário de maneira confidencial e que somente esse destinatário deve ter acesso a ela. Nesse processo de envio e recebimento, além de garantir a entrega com segurança, é preciso assegurar que ninguém verá a informação ou fará qualquer tipo de alteração.

Como no mundo dos criminosos digitais não existem regras, muito menos leis, frequentemente a confidencialidade das trocas de mensagens é quebrada por pessoas que querem enganar outras e se aproveitar para obter vantagens, mesmo que ilícitas.

Uma das ferramentas mais poderosas para promover a confidencialidade é a criptografia.

INTEGRIDADE

O conceito de integridade, conforme apresentado por Moretti (2022), considera que os dados e as informações em uma comunicação são íntegros, não corrompidos e não adulterados em relação ao seu formato original. Ou seja, nessa situação de comunicação, integridade significa que a mensagem chega ao seu destinatário íntegra, sem alterações. Pense, por exemplo, em uma situação na qual um chefe de Estado envia uma mensagem ao alto comando do Exército para iniciar um treinamento de ataque aéreo, e essa mensagem é interceptada e alterada, com a retirada da palavra "treinamento". Poderia ser o início de uma guerra?

Na segurança da informação, a integridade é tão importante quanto a confidencialidade. Algumas tecnologias, como o backup e a assinatura digital, podem ajudar a garantir a integridade dos dados.

DISPONIBILIDADE

No livro *Tópicos de segurança da informação*, disponibilidade é definida por Oliveira (2019) como o acesso à informação em qualquer momento, contínuo e ininterrupto, sendo ela confidencial e íntegra ou não.

Muitas empresas fazem propaganda dizendo que oferecem conexão e suporte para determinado produto 24 horas por dia, 7 dias da semana, 365 dias por ano. Isso quer dizer que o serviço é contínuo, prestado a qualquer hora durante o acordo desse trabalho.

Algumas tecnologias que podem contribuir para a disponibilidade no que diz respeito à segurança da informação são:

- o nobreak, para situações de queda de energia;
- o firewall, para prevenção de ataques cibernéticos que podem deixar um sistema inoperante;
- o backup, que pode ser refeito com todas as informações no caso de um ataque bem-sucedido.

AUTENTICIDADE

Moretti (2022, p. 11) afirma que a autenticidade é a "garantia de que a informação, o dado e/ou a comunicação é autêntica, ou seja, possui sua origem verificada".

Muitas vezes, uma mensagem pode ser interceptada e alterada, e o remetente ainda ser o mesmo. Por isso, a autenticidade significa que, no envio de uma mensagem ou informação, o remetente é realmente aquela pessoa.

Algumas ferramentas de tecnologia que podem ajudar em relação à autenticidade são a biometria e a assinatura digital com certificado.

IRRETRATABILIDADE (OU NÃO REPÚDIO)

A irretratabilidade (ou não repúdio) confirma que a pessoa que escreveu uma mensagem é ela. Ou seja, não há como negar a autoria. Por exemplo: caso alguém ameace uma pessoa, é possível chegar até este alguém por meio da confirmação de um número de IP, mesmo que o remetente minta dizendo que não foi ele quem fez a ameaça. Isto é, não há como enganar ou ludibriar.

A junção entre a autenticidade e a integridade é a irretratabilidade, pois garante que a mensagem enviada é de quem realmente a enviou.

CONFORMIDADE

A conformidade em relação à segurança da informação se dá quando a empresa cumpre com a sua política de segurança, seguindo à risca as indicações e as normas nela estipuladas. Por esse motivo, a conformidade depende do empenho de todas as pessoas envolvidas.

Quando algo não está dentro da conformidade, isso pode se tornar um risco operacional ou jurídico, e deve-se investigar o que está causando a não conformidade para que a empresa ou uma pessoa não sejam prejudicadas. Para manter a conformidade, é fundamental verificar possíveis falhas ou brechas, bem como sanar vulnerabilidades.

SEGURANÇA AO UTILIZAR A INTERNET

As pessoas têm utilizado a internet para praticamente tudo: compras, lazer, trabalho. O importante é fazer o que queremos com segurança, protegidos dos ataques de hackers.

Uma das principais seguranças lógicas que o seu computador pode ter é um excelente antivírus instalado, configurado e atualizado. A navegação pela internet pode nos colocar em contato com malwares em simples banners de propagandas, e algumas vezes o computador pode ser infectado sem sequer clicarmos nelas, principalmente em razão de scripts automáticos criados por hackers para obter informações.

Além do antivírus, outra premissa para utilizar a internet com segurança é ter um navegador ou browser compatível com o seu sistema operacional e deixá-lo sempre atualizado, pois os vírus e ataques cibernéticos são alterados constantemente.

A maior falha ainda está na ponta, no usuário, pois muitos ataques e ameaças dependem da ação de quem utiliza o computador ou dispositivo. Por isso, ficar atento ainda é o melhor para a segurança.

A maioria dos malwares vem como anexo em mensagens de e-mail. Faça o download de programas, softwares ou arquivos apenas se tiver certeza de que não representam um risco. Algumas vezes, os hackers se apossam de e-mails de pessoas em quem você confia para então atacar. Pense que alguns familiares seus podem, por exemplo, enviar uma mensagem com um anexo e pedir para você efetuar o download e ver um cartão de aniversário ou de Natal. Isso pode ocorrer e é um enorme risco à sua segurança de navegação.

Figura 1.2 – Site confiável.

Link com HTTPS (hypertext transfer protocol secure, ou protocolo de transferência de hipertexto seguro).

Ao entrar em um site de e-commerce, antes de finalizar efetivamente sua compra é importante verificar a URL do browser (isto é, a linha em que você digita o nome do site) e confirmar se essa linha tem o protocolo de segurança, o HTTPS. Isso especifica que o site realmente tem segurança.

Muitas vezes, os hackers clonam sites conhecidos a fim de ludibriar os internautas e capturar os dados para cometer crimes digitais.

PRÁTICAS DE SEGURANÇA CIBERNÉTICA

Para realizar ações visando à segurança das informações no mundo digital, é importante considerar alguns aspectos antes de alterar as configurações dos sistemas operacionais. Para alguém que já tenha experiência, isso pode ser mais intuitivo; porém, quando trabalhamos com segurança da informação, o excesso de zelo é importante, então vamos lá.

Para fazer algumas alterações, vamos criar uma máquina virtual (VM) com o Hyper-V, baixar o Windows Enterprise específico para profissionais de TI e instalá-lo na máquina virtual.

Existem vários softwares que criam máquinas virtuais, como o Hyper-V, o VirtualBox, o VMware e o Citrix, entre outros. A máquina virtual serve para instalar sistemas operacionais que não são compatíveis entre si. Por exemplo, muitas pessoas possuem apenas um computador ou notebook com o Windows instalado e gostariam de aprender o Linux. Esses sistemas operacionais não podem ser instalados no mesmo local, pois um apaga o outro.

Nesse caso, ou o usuário cria duas partições do HD ou SSD e realiza a instalação individual, um sistema em cada local, ou instala um software que cria máquinas virtuais e pode instalar quantos sistemas operacionais quiser. Dessa forma, os profissionais de TI têm uma excelente ferramenta para testar os sistemas e a possibilidade de aprender mais sem alterar o computador ou notebook que utilizam para trabalhar ou estudar. Procedendo dessa maneira, o risco de tornar o computador inoperante é muito reduzido.

Supondo que o Windows 10 esteja instalado em seu computador, temos que ativar o Hyper-V para criar a máquina virtual. Para verificar se o seu sistema tem o Hyper-V, acesse o ***Painel de Controle*** e clique em ***Programas e Recursos***. Depois, clique em ***Ativar ou desativar recursos do Windows***, escolha a opção ***Hyper-V*** e aguarde a instalação.

Figura 1.3 – Instalação do Hyper-V.

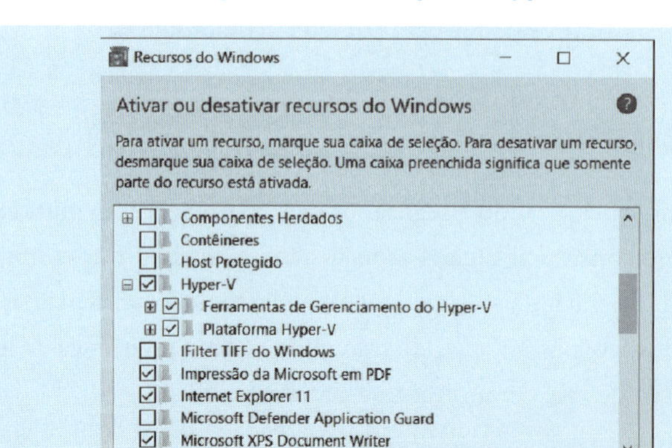

Instalação do recurso Hyper-V do Windows 10.

Após a instalação do recurso do Windows, podemos criar a máquina virtual para instalar o Windows Enterprise. Antes de configurarmos a máquina virtual, já podemos baixar o Windows diretamente do site oficial da Microsoft. Para realizar o download da versão de teste, acesse o link https://www.microsoft.com/pt-br/evalcenter/download-windows-10-enterprise. Caso não abra em razão de alterações da Microsoft, acesse o Google e pesquise: "Download ISO Windows Enterprise". Veja se o link é oficial da Microsoft e acesse a página de download.

Figura 1.4 – Download do Windows 10 Enterprise.

Português (Brasil)
ISO – Baixar o Enterprise
Edição de 32 bits >
Edição de 64 bits >
ISO – Baixar o Enterprise LTSC
Edição de 32 bits >
Edição de 64 bits >
Espanhol
ISO – Baixar o Enterprise
Edição de 32 bits >
Edição de 64 bits >
ISO – Baixar o Enterprise LTSC
Edição de 32 bits >
Edição de 64 bits >
Pré-requisitos
Observação: Leia cuidadosamente as informações abaixo antes de continuar com o download.

Download do Windows 10 Enterprise para instalação e testes.

Caso o seu computador tenha suporte a 64 bits, faça o download dessa versão, por ser mais rápida. Caso contrário, baixe a versão de 32 bits mesmo.

Após finalizar o download, vamos criar uma máquina virtual com o Windows que acabamos de baixar. Para instalar o Windows Enterprise em máquina virtual, digite na linha de comando do Windows: ***Hyper-V***.

Figura 1.5 – Hyper-V.

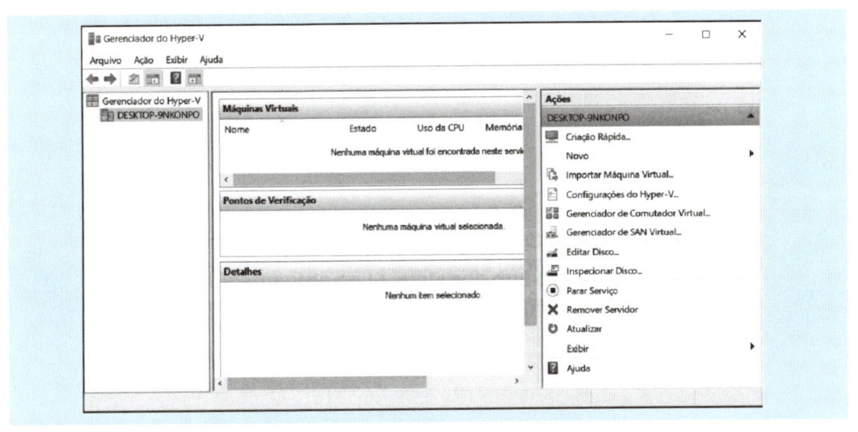

Abrir o Hyper-V para criar uma máquina virtual.

Para criar uma máquina virtual, clique em ***Ação***, ***Novo***, ***Máquina Virtual***. A primeira opção que vai aparecer é ***Antes de Começar***. Como não há nada para fazer nessa tela, clique em ***Avançar***. A próxima tela será ***Especificar um Nome e Local***. Onde aparece ***Nome***, coloque o nome da máquina virtual que será criada. Como sugestão, escreva: ***Windows 10 Enterprise***.

Após escrever o nome da máquina virtual, deixe no local padrão do Windows e clique em ***Avançar***. O próximo passo é especificar a geração. A geração 1 é indicada pela compatibilidade com a maioria dos hardwares que existem. Já para a opção 2 o seu computador deve ter suporte à UEFI (unified extensible firmware interface, ou interface de firmware extensível unificada, em tradução livre). Quando o hardware tem suporte à virtualização através de firmware, gravado numa memória interna do computador, a máquina virtual vai para a memória, diminuindo a ocorrência de erros. Caso não tenha certeza sobre se o seu computador tem esse recurso, clique na opção 1 e clique em ***Avançar***.

A opção seguinte é atribuir memória para sua máquina virtual. Caso o seu equipamento possua pelo menos 16 GB de RAM, pode colocar 2.048 MB (o equivalente a 2 GB). Clique em ***Avançar***.

Chega o momento de configurar a placa de rede. Podemos realizar essa configuração mais tarde; para isso, clique em ***Avançar***. Na opção ***Conectar Disco Rígido Virtual***, deixe as opções como padrão e clique em ***Avançar***. Na próxima opção, escolha ***Instalar um sistema operacional mais tarde***. Clique em ***Avançar***. Em seguida, deverá aparecer uma tela como a da figura 1.6, apresentando o resumo da máquina virtual. Clique em ***Concluir***.

Figura 1.6 – Máquina virtual.

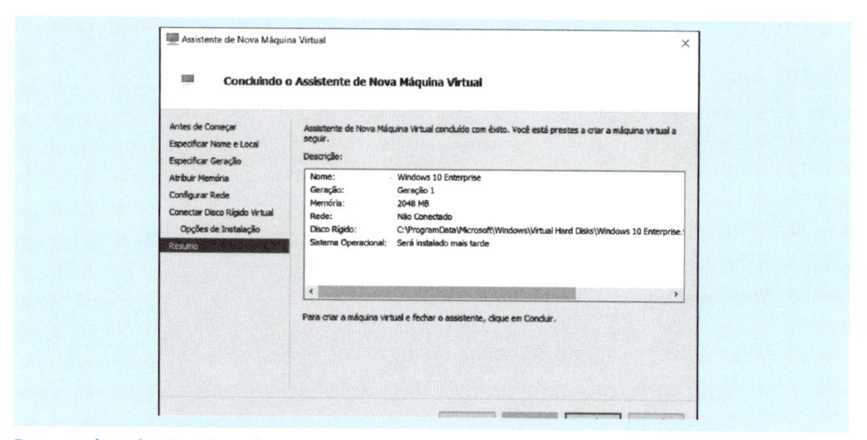

Resumo da máquina virtual.

Ao clicar em ***Concluir***, o processo de configuração estará finalizado. Agora, para realizarmos a instalação, basta acessar o Hyper-V novamente e clicar em cima do Windows 10 Enterprise, depois em ***Ação*** e em ***Iniciar***.

Para efetivar a instalação do Windows 10 Enterprise, abra o Gerenciador do Hyper-V e dê um duplo clique em cima do nome do Windows 10 Enterprise. Depois, clique em ***Mídia***, ***Unidade de DVD***, ***Inserir Disco***. Em seguida, clique uma vez em cima do arquivo ISO do Windows Enterprise que baixamos e clique em ***Abrir***. Em seguida, clique em ***Iniciar***. Se todos os passos tiverem sido seguidos até o momento, a próxima tela será a solicitação da linguagem de instalação do Windows 10 Enterprise, conforme a figura 1.7.

Figura 1.7 – Windows 10 Enterprise.

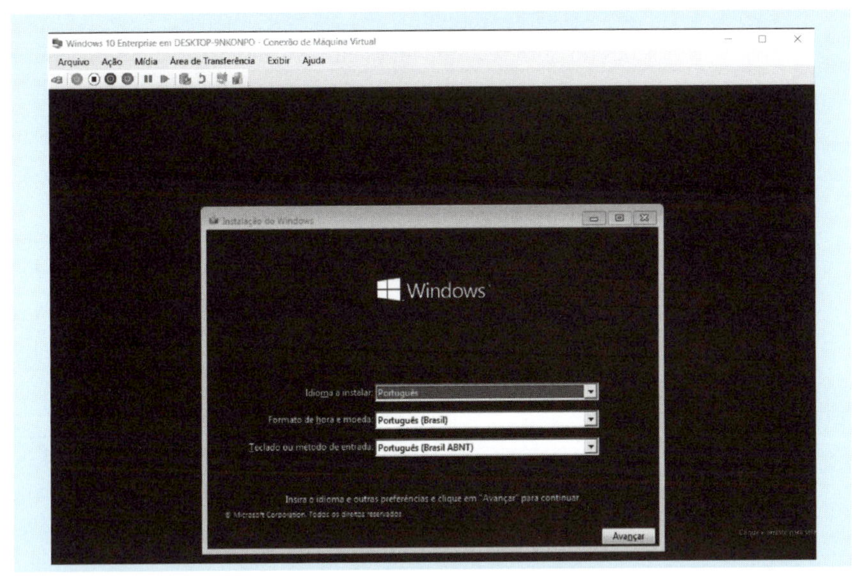

Início da instalação do Windows 10 Enterprise.

Escolha o idioma, o formato de hora e moeda e o tipo de teclado do seu computador. Em seguida, clique em ***Avançar***. Depois, clique em ***Instalar*** para iniciar a instalação do Windows 10 Enterprise na máquina virtual do Hyper-V.

Aceite os termos de licenciamento e, em seguida, escolha a instalação ***Avançada***. O disco virtual de 127 GB que criamos anteriormente vai aparecer. Escolha essa opção e clique em ***Avançar***. Agora, sim, vamos aguardar o processo de instalação ser finalizado.

Após todos os arquivos serem instalados, vão aparecer as configurações básicas do Windows. Escolha a região onde está (provavelmente, Brasil). Depois, escolha o layout do seu teclado e clique em ***Sim***. A próxima etapa é a configuração de rede. Escolha a opção ***Não tenho internet*** e clique em ***Continuar com a configuração limitada***. Coloque um nome de usuário (pode ser o seu mesmo). Para os exercícios que faremos, vamos escolher ***Ciber Security***. Em seguida, crie uma senha. Nesse ponto, o Windows já nos incentiva a criar uma senha fácil para memorizar. Isso não significa que senha fácil tenha que ser simples.

Como exemplo, supondo que o seu nome seja Marcelo, você pode fazer algumas alterações e criar a seguinte senha: M@7c&L0198@. Foram feitas algumas alterações no nome e ainda foi incluído o ano do nascimento, com a arroba no lugar do zero. Veja que é uma senha simples, porém muito difícil de ser quebrada, inclusive por alguém que esteja olhando você digitar no computador. Crie uma senha e coloque no Windows da máquina virtual.

Confirme a senha novamente; depois, escolha uma das frases para recuperar a senha e não se esqueça dessa resposta, pois ela será fundamental para alterar a senha. Faça isso três vezes e tente não escolher perguntas comuns, como a cidade onde você nasceu, pois, se alguém conseguir ter acesso à sua identidade, essa será uma das frases escolhidas pelo hacker.

Prosseguindo na instalação, a Microsoft vai perguntar se você permite que ela tenha acesso à sua localização. Escolha uma opção e clique em ***Aceitar***. A próxima opção é a escolha de encontrar o seu dispositivo caso este seja roubado, porém é necessário ter uma conta de e-mail Microsoft. Escolha uma opção e clique em ***Aceitar***. Escolha uma opção entre enviar os dados obrigatórios e opcionais ou apenas os necessários para a Microsoft e clique em ***Aceitar***. Nas opções seguintes, escolha a que lhe passe mais segurança em utilizar o Windows Enterprise e aceite as opções até o final.

Aguarde até que o Windows finalize todas as opções de configuração e volte para a tela de login para acessar.

Após todas as configurações, provavelmente a tela inicial da máquina virtual com o Windows Enterprise será parecida com a da figura 1.8.

Figura 1.8 – Tela inicial do Windows.

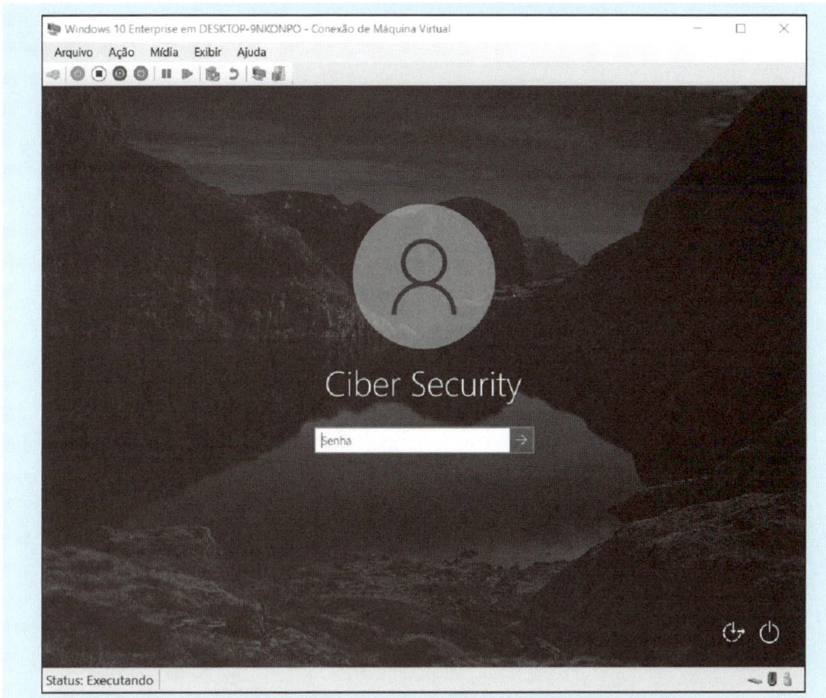

Início da máquina virtual com a instalação do Windows 10 Enterprise finalizada.

Após todo esse processo de download do Windows Enterprise, ativação do recurso de máquina virtual do Windows com o Hyper-V e instalação do sistema operacional da Microsoft, podemos iniciar nossas configurações para manter as informações seguras no mundo digital.

ARREMATANDO AS IDEIAS

Neste capítulo, vimos os principais fundamentos de segurança da informação e a importância de mantermos as informações com confidencialidade, integridade e disponibilidade. Aprendemos sobre máquinas virtuais e como baixar e instalar um sistema operacional para testes, além de realizar configurações avançadas.

Um ponto muito importante é a pesquisa de novos sistemas e novas metodologias de proteção da informação, que precisa ser feita constantemente pelo profissional de TI. Sempre que puder, acesse o Google e pesquise outros sistemas operacionais, como as distribuições open-source Linux. São várias distribuições para diversas finalidades, algumas bastante conhecidas, como o Ubuntu, o Red Hat e o Kali.

Para finalizar, destacamos a importância da resiliência de dados, também conhecida como data resilience, que é a forma como protegemos os dados e os recuperamos quando algo destrutivo ocorre (por exemplo, um ataque cibernético bem-sucedido). Outros problemas também podem acontecer, por exemplo roubo de equipamentos com dados, um desastre natural como enchente, a falha de um HD ou SSD em que os dados estejam gravados e até mesmo erro humano.

CAPÍTULO 2

Crimes e criminosos virtuais

Quais são os tipos de criminosos que atuam por trás de um computador com acesso à internet? Criminosos digitais se sentem mais seguros do que os do mundo real, pois acham que nunca serão pegos. Porém, assim como os golpes vão sendo renovados, a polícia cibernética também se atualiza para caçar e capturar esses bandidos.

Neste capítulo, vamos conhecer os principais perfis de crimes e criminosos cibernéticos.

UM POUCO DE HISTÓRIA

Um dos casos mais marcantes no mundo de caçada hacker foi a do cientista de computação Tsutomu Shimomura, que ajudou o FBI a capturar um dos maiores hackers de todos os tempos, Kevin Mitnick. Dessa caçada, Tsutomu lançou o livro ***Takedown***, com detalhes de como conseguiu chegar a Mitnick.

Mitnick era um hacker ousado: iniciou suas invasões principalmente utilizando a engenharia social, ludibriando as pessoas que tinham acesso aos telefones que faziam a conexão com a internet. Isso mesmo: em meados dos anos 1990 (e até mesmo no começo dos anos 2000), a internet era acessada por meio de discadores, e a linha telefônica ficava "ocupada". As empresas possuíam linhas específicas para receber a chamada de outros computadores. Mitnick se aproveitava disso e ligava muitas vezes de madrugada para quem cuidava da empresa nesse horário – normalmente, seguranças armados que não conheciam nada sobre computadores.

Com uma boa conversa e persuasão, ele conseguia o número de telefone do servidor de conexão e acessava os dados desse servidor, fazendo as invasões e roubando dados. Até que um dia Mitnick invadiu o computador de Tsutomu e o desafiou a encontrá-lo.

Naquela época, os hackers não tinham como meta obter dinheiro. Tratava-se mais de invadir sistemas para provar que detinham maior conhecimento do que outros e, assim, mostrar quem poderia inativar algum servidor ou espalhar algum tipo de vírus. Entre esses hackers, podemos destacar Robert Morris, criador do primeiro vírus de computador que conseguia alterar o seu código e se multiplicar.

Atualmente, os criminosos do mundo real contratam os hackers do mundo digital com o objetivo principal de utilizar seus conhecimentos para criar golpes e roubar informações em troca de dinheiro. Mas outros tipos de crime, como racismo e difamação, também são cometidos e não necessariamente envolvem dinheiro.

PHISHING

Segundo um relatório elaborado pela empresa de segurança digital ESET, os ataques de phishing tiveram um aumento de 226% no primeiro semestre de 2022 em relação ao segundo semestre de 2021. O phishing, como visto no capítulo 1, é um tipo de ataque que engana o usuário. Frequentemente, a pessoa recebe uma mensagem, acredita que aquilo é verdade e, sem pensar nas consequências, realiza alguma ação, como abrir um arquivo de texto, uma planilha ou até mesmo um PDF. Esses arquivos, que vêm como anexos, normalmente trazem um trojan ou backdoor que abre as portas do computador, do notebook e até do celular para que hackers consigam invadir o sistema e fazer o necessário para obter dinheiro.

Se o hacker conseguir instalar um ransomware, o problema poderá ser mais desastroso, pois todos os dados do computador invadido serão criptografados com um software que se instala e não permite o acesso do dono da informação. Apenas mediante pagamento virtual o hacker fornece a senha de acesso para recuperação dos dados do dispositivo invadido.

Quando esse ato ocorre em um computador corporativo, o prejuízo ainda é maior, pois a publicidade negativa sofrida pela empresa por ter tido seus sistemas invadidos é capaz de manchar sua imagem. Em um estágio mais avançado, isso pode comprometer sua sobrevivência, pois as pessoas tendem a não mais investir ou comprar nessa empresa.

A figura 2.1 apresenta um phishing que qualquer um pode receber no e-mail, seja particular ou empresarial. Como saber se esse e-mail é verdadeiro ou falso? Caso você não tenha uma conta nesse banco, já tem como identificá-lo como falso e descartá-lo de imediato. Mas, supondo que seja correntista da instituição, você pode atentar para outra informação, que é o endereço de e-mail do remetente. Veja que ele inicia com "infoemail", seguido de um número, provavelmente um gerador de e-mails para spam. Nenhum banco utiliza esse tipo de e-mail. Existem softwares que criam qualquer tipo de nome de extensão para e-mails falsos.

Figura 2.1 – Phishing de e-mail.

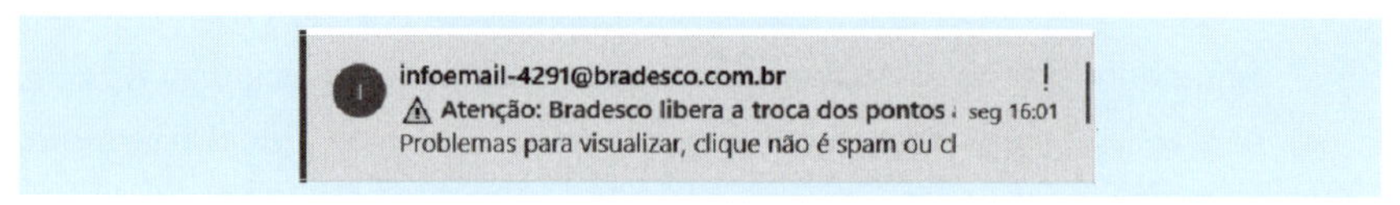

Phishing recebido por e-mail particular para sequestro de dados.

Caso desconfie ao ler o cabeçalho, já exclua a mensagem imediatamente. Mas, se ainda tiver dúvida em relação à veracidade, você pode analisar a mensagem. Veja a figura 2.2, que apresenta o texto dela na íntegra. Note que ele é todo elaborado para que você "clique aqui". Mas jamais clique em qualquer link que venha na mensagem. Não se renda à curiosidade!

Figura 2.2 – Análise de e-mail com phishing.

Atenção: Bradesco libera a troca dos pontos acumulados de seu cartão em regime emergencial. Confira aqui. - (703410971127)

Esta mensagem foi identificada como lixo eletrônico. Não é lixo eletrônico Mostrar imagens

infoemail-4291@bradesco.com.br <infoemail-4291@bradesco.com.br>
26/12/2022 16:01

Para: @hotmail.com

http://50.57.233.226/plugins/user/
Clique ou toque para seguir o link.

Problemas para visualizar, clique não é spam ou clique aqui

Bradesco Infoemail
Cartões Bradesco | Programa de Recompensas

Você Possui 245 Mil Pontos Para Converter em Prêmios.

As Compras com seu cartão de crédito / débito Bradesco viram pontos na Livelo. Você possui 245 mil pontos que irão expirar em 48 horas. Gostou? Solicite aqui o resgate de seus pontos acessando abaixo RESGATAR PONTOS.

Soluções para Resgatar seus Pontos.

Ao usar seu Cartão, você ganha pontos Livelo automaticamente, para serem trocados por milhares de recompensas em lojas parceiras. Latam, Gol, Azul, EXTRA, AREZZO, Americanas, POLISHOP etc.

Pontos Viram Dinheiro - Transforme seus Pontos em dinheiro na sua conta em até 2 dias úteis.

Corpo da mensagem de phishing.

Na captura da tela mostrada na figura 2.2, o mouse está sobre o link para mostrar a origem do ataque. Veja que o link está direcionando a um servidor com número de IP 50.57.232.226, totalmente diferente dos números de IP do Brasil: outro motivo para desconfiar dessa mensagem.

Ainda que o objetivo aqui não seja buscar e capturar o hacker que enviou esse phishing, vale dizer que na própria internet existem meios para identificar a origem de um ataque. Para descobrir de onde é o servidor que está no link "clique aqui", você pode acessar https://www.ip2location.com/demo/ (acesso em: 20 mar. 2023) e digitar o número de IP que aparece na mensagem.

Observe na figura 2.3 que, ao ser digitado o IP, o site IP2Location automaticamente identifica um IP norte-americano que fica no estado de Illinois, na cidade de Chicago. Se a busca for completa, teremos mais respostas ainda, como o nome do domínio do servidor (rackspace.com) e a informação de que faz parte de um datacenter. Provavelmente, é uma empresa que aluga domínios e espaço para armazenagem de páginas. Como a mensagem que recebemos está em português, os hackers devem ter utilizado um servidor de fora para dificultar a identificação de quem está tentando fazer ataques em pessoas físicas ou jurídicas.

Figura 2.3 – Localizando o IP do ataque de phishing.

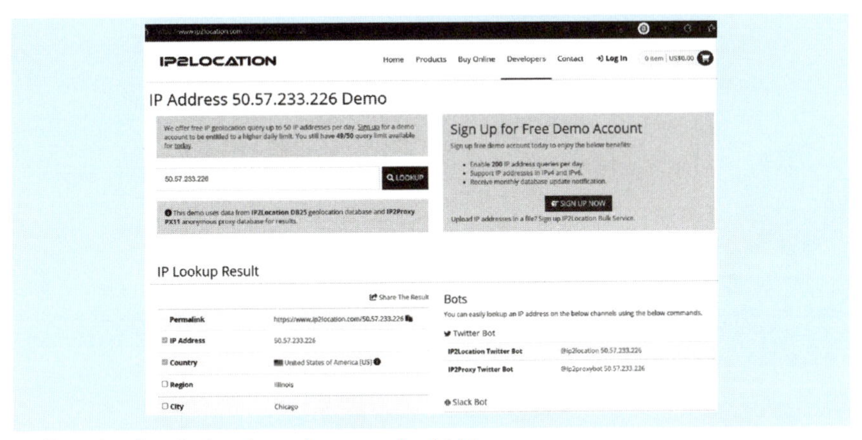

Análise e localização da origem do ataque de phishing.

No caso da mensagem do banco brasileiro, não existe motivo para hospedar o site em um IP norte-americano, já que isso deixaria o sistema mais lento em comparação com uma hospedagem em site brasileiro. Por isso, desconfie de qualquer link.

Realizamos essa análise para você saber identificar um ataque hacker em uma mensagem de e-mail. Não descuide da atenção, e, novamente, jamais ceda à curiosidade.

CRACKERS

O cracker também é conhecido como pirata virtual, principalmente por ter habilidades de invadir sistemas e quebrar códigos (daí vem o seu nome). Diferentemente dos hackers, os crackers são voltados ao mundo do crime e têm como finalidade obter vantagens financeiras.

Outro tipo de criminoso conhecido pela finalidade de quebrar senhas para obter vantagens, porém na área de telefonia, é o conhecido phreaker (cujo nome vem da junção das palavras phone e freak). Muitas vezes, ele consegue ligar e desligar telefones. Antigamente, quando a conexão era realizada por discadores, a sua atuação era muito maior. Hoje, o phreaker basicamente utiliza o seu conhecimento para furar fila e falar com atendentes de banco e telemarketing.

Para evitar os crackers é necessário, no mínimo, ter um antivírus instalado em tempo real, principalmente quando estamos acessando a internet. Além disso, jamais abrir arquivos anexos e não ceder à curiosidade de ver algo que parece real. Isso vale também para acessos com o celular.

SUGESTÕES PARA SE APROFUNDAR

"Melhores antivírus de 2023 para PCs com Windows" – BH Tech Informática (2023)

A BH Tech Informática testou a eficiência de dez antivírus no mercado, entre gratuitos e pagos. Os resultados foram apresentados em reportagem no site da empresa.

Disponível em: https://bhtechinformatica.com.br/melhores-antivirus/. Acesso em: 1 fev. 2023.

Vamos fazer alguns testes na máquina virtual que criamos no capítulo 1. Para criar uma conexão da placa física que conecta a internet com a placa virtual da VM, comece abrindo a máquina virtual e digitando *"**Hyper-V**"* na barra do Windows 10. Em seguida, clique em ***Gerenciador de Comutador Virtual***. Clique em ***Novo comutador de rede virtual***, escolha ***Externo*** e clique no botão ***Criar Comutador Virtual***. Depois, faça a mesma configuração mostrada na figura 2.4.

Figura 2.4 – Configuração de placa de rede virtual.

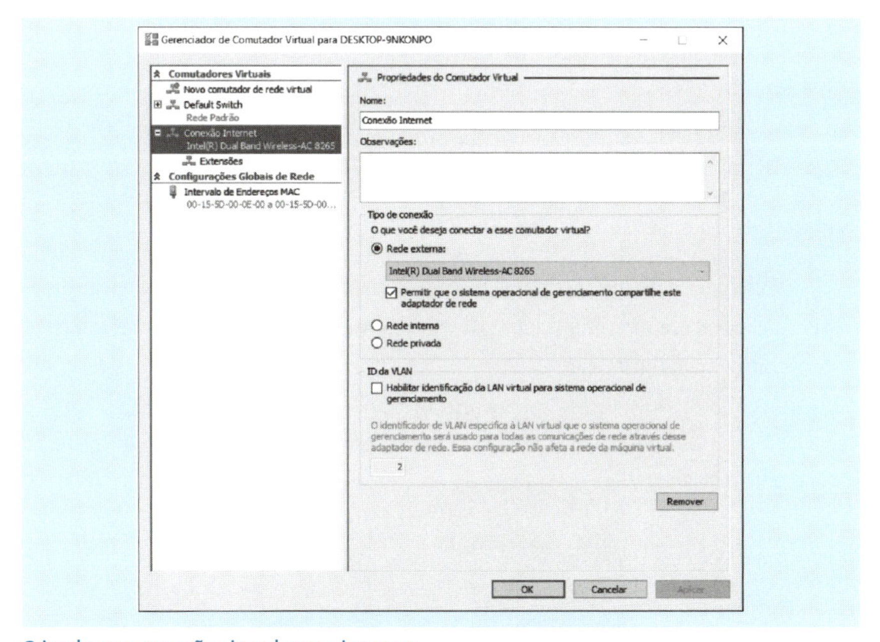

Criando uma conexão virtual com a internet.

Dê um nome à conexão. No exemplo, foi colocado o nome ***Conexão Internet***. Dê um tique na caixa de ***Rede externa***. Escolha a placa de rede real que faz a conexão com a internet. Por exemplo, em um notebook, a placa que conecta com a internet é uma placa wireless. Após todas essas configurações, clique em ***Aplicar***. Ao finalizar essa configuração, volte ao gerenciamento da máquina virtual e clique à direita de onde está escrito Windows 10 Enterprise. Escolha a opção ***Configurações***. Em seguida, clique em ***Adaptador de Rede*** e escolha a conexão que acabamos de criar: ***Conexão Internet***.

Figura 2.5 – Configuração da placa de rede.

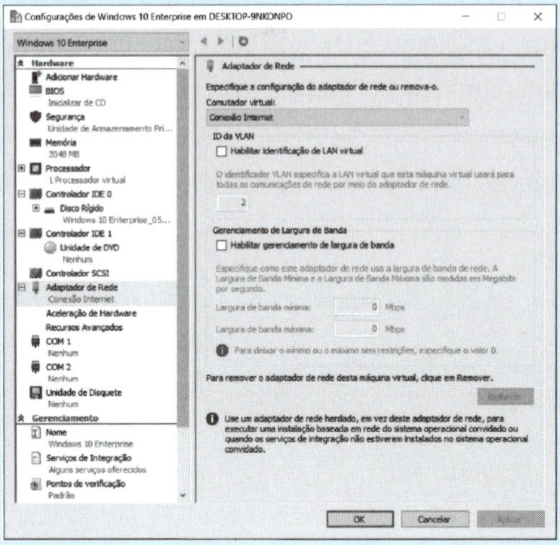

Ativando a placa de conexão.

Volte para a máquina virtual. Se tudo estiver configurado da maneira correta, aparecerá uma mensagem de que agora existe a conexão com a internet, conforme a figura 2.6.

Figura 2.6 – Placa de rede virtual configurada.

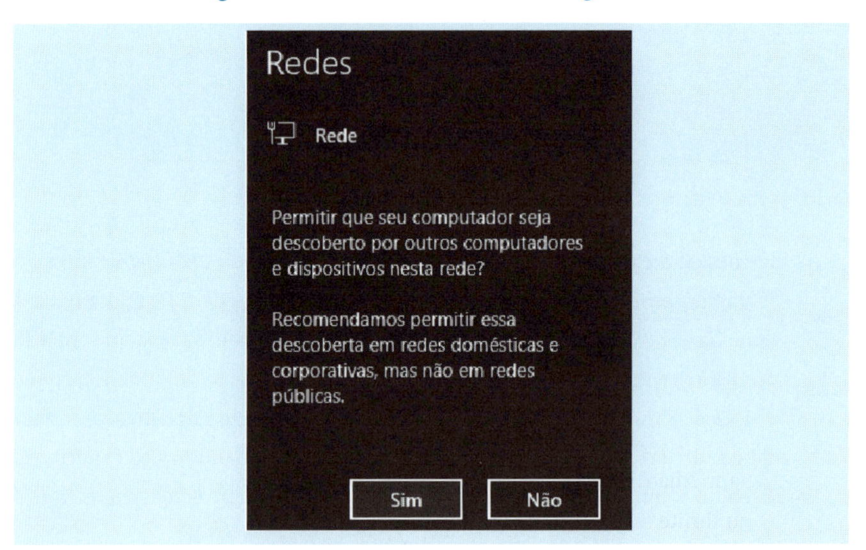

Máquina virtual com acesso à internet.

Um dos melhores recursos para evitar problemas com vulnerabilidades dos sistemas operacionais é deixá-los sempre atualizados. Para realizar essa tarefa, acesse a sua máquina virtual, clique em ***Iniciar***, depois, em ***Configurações***, e escolha a opção ***Atualização e Segurança***. Em seguida, na opção ***Windows Update***, clique em ***Verificar se há atualizações***.

Figura 2.7 – Atualização de sistemas.

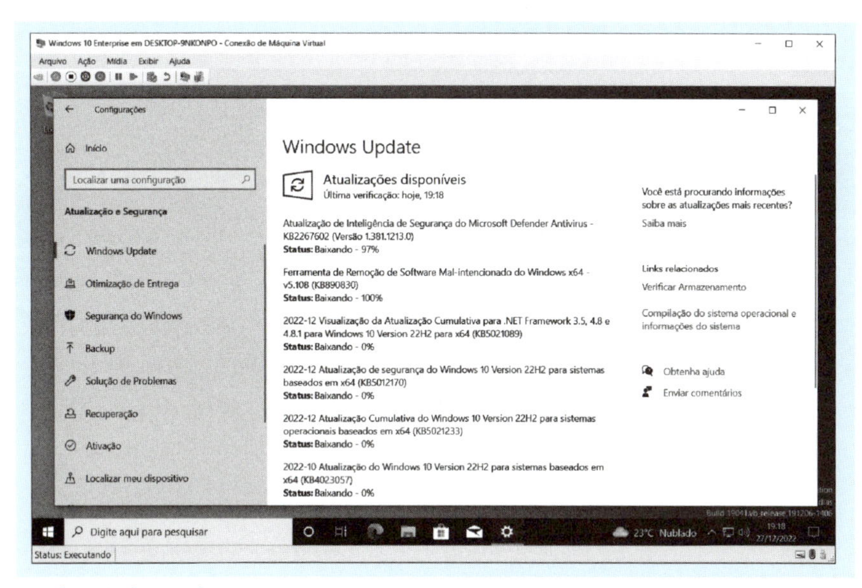

Atualização do Windows 10 Enterprise.

CARDERS

Carders são criminosos que visam obter, a qualquer custo, os números de cartões de crédito de qualquer pessoa. Alguns desenvolvem programas para gerar números falsos e conseguir vantagens contra o setor financeiro.

Para evitar cair nesses golpes, o primeiro passo é avaliar a necessidade de se ter um cartão. Se esse for o seu caso, tenha um cartão com limite apenas para a utilização do que realmente seja necessário parcelar. Por exemplo, se a sua média de gastos com o cartão de crédito for de R$ 1.500,00 por mês, o seu limite poderá ser de R$ 2.000,00. Assim, se por acaso você perder o cartão, o seu prejuízo será relativamente baixo.

Outro aspecto importante é evitar possuir um cartão de crédito internacional, pois, se algum criminoso obter acesso a ele, conseguirá efetuar compras em sites de fora do país, o que dificultará o cancelamento das compras. O mais recomendado é ter apenas um cartão de crédito nacional. Além disso, sempre que for utilizar o cartão de crédito para compras pela internet, procure usar o cartão virtual. Alguns bancos adotam essa medida para evitar fraudes e vazamento de dados, pois a operadora do banco gera constantemente um novo número de cartão de crédito, com "vida" bastante curta (às vezes, horas apenas).

SCRIPT KIDDIES

No livro *Tópicos de segurança da informação*, Roberto Oliveira (2019) define o script kiddie como um aprendiz de hacker. Esse "aprendiz" utiliza vários softwares prontos e os espalha em computadores ou dispositivos para, de alguma maneira, ter acesso às informações. Geralmente, trata-se de adolescentes que não sabem o que fazer com a informação e se dizem hackers, embora na verdade sejam script kiddies.

Outra "categoria" que entra nessa etapa da atividade criminosa é o lammer. Oliveira vê os lammers como futuros criminosos virtuais que têm pouco conhecimento em internet e querem começar a praticar pequenos delitos, aprendendo com os mais experientes.

Esses criminosos iniciantes se valem de ferramentas prontas e do descuido dos usuários. Dessa forma, conseguem implementar trojans e backdoors para roubar dados e tentar obter vantagens.

BLACK HATS

Black hats são hackers que conseguem burlar o sistema de busca de sites ou blogs e limitam o algoritmo desse sistema para inserir determinado link na ponta daquela busca. Dessa maneira, o black hat coloca o site dele ou de alguém que o contratou para deixar esse link em evidência durante as buscas. O nome black hat vem dos filmes antigos, nos quais os bandidos do faroeste exibiam aqueles grandes chapéus pretos.

Os black hats utilizam alguns métodos para burlar o algoritmo. Um deles é o keyword stuffing, em que o hacker repete a palavra-chave diversas vezes para o buscador elevar o link ao topo. Outro método é o conteúdo duplicado em outros sites, também conhecido como plágio. Dessa forma, o usuário ganha alguns acessos até perceberem que o conteúdo é copiado. Há também o método doorway page, em que são implementados vários conteúdos genéricos com algumas palavras-chave que estão sendo digitadas, embora o foco nesse tipo de ataque seja utilizar robôs para acessar as páginas. Dessa maneira, o site sobe de ranking.

Esses são apenas alguns métodos do hacker black hat.

WHITE HAT

O white hat é o hacker "do bem", que utiliza os recursos corretos em sites de buscas para cadastramento do link de um site ou blog. Dessa forma, as regras são cumpridas e o processo de busca não é burlado. As técnicas utilizadas pelos white hats consistem em utilizar a experiência do usuário para permanecer no site, procurar as palavras-chave e linkar com o texto ou artigo, bem como manter uma frequência nos posts ou na escrita para fazer com que o usuário permaneça o máximo possível para consumir o conteúdo.

GRAY HAT

O gray hat pode ser caracterizado como uma mistura entre o black hat e o white hat, por isso o nome gray (cinza). Aqui o hacker utiliza tanto os métodos convencionais quanto os que burlam o sistema. Para evitar ser pego, os métodos que burlam o sistema são usados por pouco tempo.

Uma das técnicas usadas pelos gray hats consiste em fazer comentários em blogs, vídeos do YouTube ou páginas famosas, com a assinatura do link para que outras pessoas o acessem. Esse método, também conhecido como link building, inclui a utilização de spam por meio de e-mails indesejados, em que o hacker compra e-mails de empresas duvidosas e assim consegue disparar algum tipo de propaganda com o link ou o assunto que deseja.

HACKER RED HAT

Existe uma certa confusão quando apresentamos os conceitos de black hat, white hat e gray hat, pois estamos falando de hackers que trabalham com SEO (search engine optimization, ou otimização para mecanismos de busca, em tradução livre). Nesse caso, esses hackers utilizam o conhecimento para ganhar mais assinantes ou visitantes a fim de vender produtos ou divulgar empresas.

Quando falamos de hacker black hat e demais nomenclaturas relacionadas ao criminoso cibernético, o hacker red hat se encaixa como um bandido cibernético que combate o criminoso com o seu próprio veneno. O hacker red hat utiliza os mesmos métodos dos hackers black hat, como ataques DDoS (distributed denial-of-service, ou ataque de negação de serviço) e infecção por meio de malwares, que pode ser também um ransomware, porém dá essa resposta para quem tentou atacar uma determinada empresa ou um amigo.

O hacker red hat emprega o mesmo conhecimento para atacar tanto uma pessoa como uma empresa, porém com determinada "ética", por assim dizer, para deter um criminoso com o seu próprio veneno. Mas, ainda assim, ele mesmo não deixa de ser um criminoso.

ENGENHARIA SOCIAL

A engenharia social é um dos métodos mais antigos de enganar as pessoas, muito utilizado por golpistas no mundo real e transferido para o mundo virtual. Nesse método, a confiança é construída para o golpe funcionar. Muitas vezes, o criminoso se faz parecer confiável, passa segurança para a vítima, e, quando ela menos espera, cai no golpe.

Os métodos mais novos para a engenharia social consistem, por exemplo, em sites falsos de leilão. Neles, os criminosos copiam um site sem qualquer pudor e montam uma infraestrutura semelhante à do site original, inclusive com central telefônica, embora na verdade tudo esteja relacionado a um golpe para ludibriar as pessoas e passar a impressão de que aquele site é confiável. Um site pode oferecer, por exemplo, a compra de um carro cujo valor de tabela está em torno de R$ 100.000,00, mas que nesse leilão, devido a algum "probleminha" de documentação ou pequenas avarias, sai por R$ 60.000,00. Os golpistas enviam fotos e parte dos documentos para mostrar que o veículo existe. Quando a vítima faz uma transferência da entrada por Pix, tudo some. Os telefonemas, os contatos e o link mudam de servidor, e a pessoa se vê sem o dinheiro... e sem o carro.

Novamente percebemos que o golpe encontra lugar na vulnerabilidade do ser humano. Como podemos comprar um carro de leilão sem olhar o veículo pessoalmente? Por que fazer uma transferência por Pix se podemos utilizar um pagamento programado em nome da empresa com um cheque administrativo, por exemplo? Como podemos pagar o produto antes de tê-lo em mãos? Vale pesquisar o site no Reclame Aqui, para saber se realmente existe e se tem reclamações.

Esse é apenas um exemplo, pois existem mais tipos de golpes em que a engenharia social é utilizada para obter informações. Já pensou em suas redes sociais? No quanto de informações pessoais elas têm para os criminosos aproveitarem? Imagine que alguém acesse o seu Facebook ou o Instagram e descubra o nome da sua mãe, o do seu pai, o do seu irmão, e ligue para você dizendo que sequestrou sua mãe. E, nesse momento, pede um Pix para liberá-la. Você, naquela situação de extrema pressão, não consegue raciocinar e efetua o Pix, quando na verdade sua mãe estava no cinema sem poder acessar o celular... e você acabou de cair em um golpe.

Manter suas informações sigilosas é o mais importante hoje em dia.

HACKTIVISMO

O hacktivismo é a junção do hacking com o ativismo, seja ele social ou político. Nesse caso, o hacker utiliza a habilidade em invadir sistemas, derrubar sites e paralisar empresas com a finalidade de estar ao lado de algum grupo, que pode ser religioso, político ou até mesmo contra empresas (por exemplo, as que poluem o meio ambiente).

De maneira geral, o ativismo é feito de modo presencial, por meio de manifestações e encontros com pessoas que compartilham os mesmos ideais.

Mas como praticamente tudo passou do mundo real para o virtual, o hacktivismo não ficou atrás e também faz parte dos movimentos on-line.

TERRORISTAS CIBERNÉTICOS

Muitos conflitos internacionais não ficam restritos aos campos de batalha, com soldados, blindados, tanques e demais forças do Exército. Atualmente, os terroristas cibernéticos também são contratados por países em guerra para desestabilizar serviços on-line a fim de ganhar terreno e conquistar territórios.

Os terroristas cibernéticos são utilizados para atacar servidores de internet, militares e até estações de energia de um país que está em guerra. A ideia aqui é reduzir a resistência por meio de ataques feitos pela internet, diminuindo a comunicação do inimigo e permitindo que soldados em terra avancem sem que o adversário consiga se comunicar de maneira eficaz.

MOTIVAÇÕES DOS CRIMINOSOS

São diversas as motivações para as ações dos criminosos do mundo digital: adrenalina, sensação de impunidade, risco de ser pego, inveja, ciúmes ou maldade mesmo, entre outras.

Cada criminoso cibernético tem pelo menos uma motivação para desenvolver um ataque ou querer prejudicar uma pessoa, física ou jurídica, porém grande parte da motivação gira em torno de lucro fácil. Sendo assim, a maior motivação ainda é o dinheiro, e pode-se prejudicar qualquer pessoa ou empresa para obter dinheiro. A sensação de ganhar dinheiro fácil, não importando se é legal ou ilegal, leva muitos criminosos do mundo real para o virtual.

Aqui podemos propor uma rápida reflexão: um criminoso, por exemplo, ataca um idoso no mundo virtual e faz com que ele caia em um golpe financeiro, roubando os números do seu cartão de crédito e efetuando compras e empréstimos. Pense que, com uma aposentadoria modesta (um salário-mínimo, por exemplo), se o roubo causar um prejuízo de R$ 6.000,00 nesse determinado cartão, a falta desse dinheiro poderá comprometer a compra de medicamentos e afetar seriamente a saúde do idoso, podendo levá-lo à morte. No caso de um evento como esse, além do roubo dos valores, o crime ainda teria levado a uma consequência muito mais grave, por isso atualmente já existe uma polícia especializada em crimes cibernéticos.

PRÁTICAS DE SEGURANÇA CIBERNÉTICA

Navegar com segurança é um dos principais passos para evitar que conversas sejam interceptadas, que sua conexão seja descriptografada em qualquer ponto, que vírus invadam plug-ins, entre outros riscos que podem destruir seus dados. Uma das melhores formas de navegar com segurança é utilizar um provedor de VPN. A VPN, acrônimo de virtual private network, ou rede virtual privada, em tradução livre, trata a informação com criptografia e tem muito mais segurança do que uma navegação em que esse tipo de rede não está presente.

VPN – Rede virtual privada

Primeiramente, cabe um aviso muito importante: encontrar uma VPN que seja gratuita e segura não é um trabalho fácil. Normalmente, as opções totalmente seguras e confiáveis são pagas, de forma que podemos usar algum serviço gratuito para realizar alguns testes, porém, se optarmos realmente por sempre navegar com uma VPN, é recomendável escolher uma que seja idônea e que garanta a sua conexão.

Para escolher uma VPN gratuita, abra a sua máquina virtual, acesse o Windows 10 Enterprise, abra o Edge e digite no Google: ***VPN gratuita***. Vão aparecer vários links patrocinados e diversas empresas fazendo seus anúncios. Para nossos testes, escolhemos uma opção chamada VPN Jantit, disponível em: https://www.vpnjantit.com/ (acesso em: 28 dez. 2022). Na página principal, aparecem algumas opções para criar a VPN; escolha a gratuita: Free VPN SSH. Ao clicar nessa opção, serão oferecidos vários serviços de VPN. Como queremos apenas navegar com segurança, escolha a opção Get Free OpenVPN. Depois escolha a opção para verificar o status do servidor (Check Open VPN Status), isto é, se ainda há conexões disponíveis a serem feitas no modo gratuito. Há diversos servidores espalhados pelo mundo.

Para nosso teste, vamos escolher um dos Estados Unidos, mas você pode escolher qualquer outro, desde que esteja on-line e que ainda tenha capacidade para criar uma conexão.

Escolhemos o servidor USA 2 (Los Angeles, USA; status do servidor: on-line; status da conta: 22% ***used***). As informações indicam que ainda pode ser criada mais uma VPN gratuita nesse servidor. Do lado direito da tabela, vamos clicar em ***Create Free VPN***. Depois vão aparecer opções premium - com mais recursos, para pagantes – e a opção free. Na opção ***Free USA 2***, clique novamente em ***Create Free OpenVPN***. Será apresentado um tutorial de como criar a sua VPN. Também serão apresentadas duas caixas para digitarmos o usuário e a senha. Apenas para teste, coloque o nome de login ***AcessoVPN*** e a senha ***VPN2023***. Após digitar as informações, clique no boxe que diz que você não é um robô e, em seguida, em ***Create Free OpenVPN***. Lembramos que o layout e o tipo de conexão da VPN do site VPN Jantit podem ser alterados pelos criadores, por isso, caso a sequência apresentada tenha alguma alteração, consulte no tutorial do site como criar a conexão VPN.

Figura 2.8 – Configurando VPN gratuita.

Como configurar uma VPN gratuita.

Com as informações criadas pelo site, temos que fazer a conexão com a VPN para termos acesso a um IP dos Estados Unidos. Para isso, clique com o botão direito do mouse em cima do símbolo de conexão de rede em seu computador – ele é o computadorzinho do lado inferior direito da tela, próximo do relógio. Escolha ***Abrir configurações de Rede e Internet***. Clique em ***VPN*** e depois adicione uma nova conexão VPN. Preencha todos os campos com as informações do site: servidor da VPN, login, senha, protocolo PPTP, etc. Ao terminar a configuração na tela da VPN do Windows 10, clique em ***Conectar***.

Se você acompanhou todos os passos e realizou a configuração correta, agora está navegando com um IP americano e com uma VPN muito segura. Como esta é uma VPN gratuita, faltam vários recursos, como utilizar um torrent para download, entre outras opções que estão desabilitadas. Porém, para navegar e entrar em sites, seu computador certamente estará mais seguro.

Figura 2.9 – Conexão VPN gratuita.

Como conectar-se em uma VPN gratuita.

Antivírus on-line

Entendemos que o mínimo de segurança que um sistema operacional deve ter é um antivírus. Esse é o básico. Agora, se esse antivírus tiver suporte para gerenciamento automático durante a navegação pela internet, com autonomia, isto é, sem a necessidade de o usuário tomar decisões, temos o melhor dos mundos. Após a instalação da VPN, vamos pesquisar um antivírus e instalá-lo no Windows 10 Enterprise.

Existem vários antivírus com as características que citamos. Para nossa prática, vamos escolher um que seja leve, embora não necessariamente o melhor. Nossa sugestão é instalar o Avast, disponível no site oficial: https://www.avast.com/pt-br/index-t1#pc (acesso em: 28 dez. 2022). Ao acessar o site, clique em ***Baixar proteção grátis*** e realize a instalação.

Figura 2.10 – Instalação de antivírus.

Como instalar o antivírus.

Figura 2.11 – Antivírus instalado.

Instalação concluída.

ARREMATANDO AS IDEIAS

Cada vez mais o crime virtual está presente na vida das pessoas e empresas, e neste capítulo vimos os principais tipos de criminosos e suas motivações. Também conhecemos algumas metodologias de segurança para evitar ataques e roubos de informações, como a instalação e a configuração de uma VPN. Também fizemos o download de um antivírus gratuito que detecta links e sites maliciosos sem a intervenção do usuário.

É importante ter o máximo de segurança e procurar estar sempre atualizado com informações sobre ataques e novos métodos de golpes utilizados por hackers. Só assim conseguimos fazer nossas compras on-line e trocar informações com familiares e amigos, entre outras atividades, correndo poucos riscos. Afinal, entendemos que estar 100% seguro também é quase impossível.

CAPÍTULO 3

Crimes cibernéticos

Você já foi vítima de algum crime virtual? Com a digitalização e a convergência de vários tipos de trabalhos que eram presenciais e passaram a ser virtuais, principalmente devido à pandemia da covid-19, os crimes no mundo digital se tornaram ainda mais comuns e as ocorrências vêm aumentando exponencialmente. E não é só o número de ocorrências que aumenta: se compararmos hoje o valor que expressa a totalidade do dinheiro roubado ou desviado em crimes pela internet com a renda dos países mais ricos do mundo, teremos um montante equivalente ao do terceiro lugar, atrás apenas de Estados Unidos e China.

Neste capítulo vamos entender melhor os principais crimes cometidos por meio da internet. Vamos também fazer algumas configurações no Windows 10 Enterprise para evitar ao máximo ataques, sequestros de dados e roubos de informações.

ALGUNS NÚMEROS

Segundo o portal Convergência Digital, especializado em informações de TI e de segurança da informação, os custos resultantes de crimes cibernéticos aumentaram mais de 90% em apenas três anos, passando de 610 bilhões de dólares para cerca de 1,16 trilhão de dólares entre 2016 e 2019. Em 2023, ainda de acordo com informações do portal, estima-se que os ataques cibernéticos gerem prejuízos na casa dos 59 trilhões de reais (Cibercrime..., 2022).

Esses são números assustadores e que endossam uma das maiores motivações dos criminosos: lucrar com os ataques e golpes virtuais. Os crimes mais comuns são roubos e destruição e danos a dados ou informações. Além da perda financeira das vítimas, esses crimes resultam em perda de produtividade e em retrabalho para que se consiga voltar ao estágio anterior ao ataque cibernético. Outros crimes que também merecem ser citados e que causam diversos tipos de prejuízo às vítimas são o roubo de identidade, de propriedade intelectual (a famosa pirataria), de documentos e, consequentemente, de números de cartões de crédito.

Com o avanço da criminalidade digital, no meio da pandemia o Governo do Estado de São Paulo inaugurou, em dezembro de 2020, a Divisão de Crimes Cibernéticos, conhecida pela sigla DCCIBER. A DCCIBER faz parte do Departamento Estadual de Investigações Criminais de São Paulo, o DEIC-SP, e tem a responsabilidade de investigar crimes virtuais que utilizam computadores e redes de computadores conectados ou não à internet.

Esse departamento conta com aproximadamente 65 policiais civis, entre os mais diversos cargos, e com mais de 10 viaturas policiais e outros veículos para diligências e capturas.

Figura 3.1 – Crime digital.

Criminosos virtuais também podem ser presos.

Para se ter uma ideia, desde a inauguração da divisão, foram mais de 2 mil investigações criminais, a maioria envolvendo vítimas de golpes virtuais com perda financeira e as próprias instituições financeiras. As principais investigações estão relacionadas a operações fraudulentas no e-commerce, a crimes cometidos com o auxílio de dispositivos eletrônicos (computadores, notebooks, tablets, celulares, entre outros) e à lavagem de dinheiro em moeda física e bitcoin. Há também as investigações de fraudes em instituições financeiras e a análise de equipamentos móveis obtidos em apreensões.

TIPOS DE CRIME

Pornografia

Existem vários tipos de pornografia. A mais frequente é feita por adultos e consiste em vender ou divulgar vídeos ou fotografias com conteúdo sexual criados com o consentimento dos envolvidos. Em casos assim, não temos um crime, pois os envolvidos sabem e concordam com aquilo. A pornografia se torna um crime quando algum dos envolvidos não sabe que está sendo gravado ou fotografado, ou quando, por exemplo, no término de um relacionamento, uma das partes se utiliza de imagens íntimas para se vingar da outra pessoa, divulgando-as ou expondo-as sem consentimento, geralmente por meio da internet. Quando a pornografia é criminosa, a pena pode chegar a cinco anos de cadeia e, se for comprovado que os envolvidos tinham um relacionamento e que o vazamento do vídeo ou das imagens foi proposital, por vingança, a pena pode ser maior.

Para evitar ser vítima desse tipo de crime, o mais recomendado é não permitir em hipótese alguma a utilização de uma câmera para registros íntimos em foto ou vídeo, sobretudo em relacionamentos com recém-conhecidos; em locais públicos e festas, não aceitar bebidas que você mesmo não tenha comprado ou preparado; em locais públicos, dar preferência por sair acompanhado ou acompanhada; e não dormir em lugares desconhecidos. Também é preciso estar atento ao alugar quartos de hotéis ou casas, pois atualmente existem muitos modelos de câmeras ocultas.

Pedofilia

A Lei nº 11.829, de 2008, artigo 241-A, prevê uma pena de 3 a 6 anos de reclusão para o indivíduo que

> oferecer, trocar, disponibilizar, transmitir, distribuir, publicar ou divulgar por qualquer meio, inclusive por meio de sistema de informática ou telemático, fotografia, vídeo ou outro registro que contenha cena de sexo explícito ou pornográfica envolvendo criança ou adolescente (Brasil, 2008).

Segundo o artigo 240 desta mesma lei, a pena pode variar de 4 a 8 anos de reclusão em casos de produção, reprodução, direção, fotografia, filmagem ou registro, por qualquer meio, de cena de sexo explícito ou pornográfica envolvendo criança e adolescente.

Atualmente existem vários aliciadores que frequentam o Facebook e o Instagram e se infiltram nas redes sociais de crianças e adolescentes, pedindo que eles mesmos enviem fotos sensuais e vídeos, ameaçando expô-los em suas redes caso se neguem; muitas vezes esse crime é cometido inclusive dentro da própria casa das vítimas. É por isso que deve-se sempre conversar com crianças e adolescentes e estar atento a seus comportamentos. A melhor prevenção é dialogar e monitorar as redes sociais deles, restringindo acessos e aconselhando-os a não aceitar amizades de desconhecidos e a manter informações pessoais em sigilo.

Fraudes de identidade

Os hackers que se apossam de dados de pessoas pela internet, como senhas e números de RG, CPF, cartão de crédito, entre outros, fazem o possível para causar prejuízo financeiro às vítimas e para obter dinheiro de maneira fácil. As fraudes podem ser várias: contratos assinados em cartório com os dados obtidos, compras em lojas de e-commerce, financiamento em bancos, compra de carros, etc.

O ataque para obter essas informações pode ocorrer de várias maneiras. A mais comum é o phishing, já comentado neste livro; alguns criminosos também se utilizam de engenharia social e pesquisa nas redes sociais. Por isso, todo cuidado com suas informações pessoais é pouco.

Sempre que possível, é importante pesquisar seus dados nos buscadores para saber se houve algum vazamento de informações, além de alterar as senhas periodicamente, navegar com VPN paga, não acessar redes wi-fi de terceiros ou gratuitas em ambientes públicos e só efetuar compras on-line com cartões virtuais, que geram números novos todos os dias.

Falsificação de documentos

Embora bem parecida com a fraude de identidade, a falsificação de documentos é um passo maior, pois, além de obter os dados dos documentos da pessoa, o hacker falsifica documentos reais para conseguir mais vantagens, como abrir contas em bancos ou financiar carros caros para venda posterior.

Na falsificação de documentos, a exposição do criminoso é maior, mas isso nem sempre impede a sua ação.

Invasão de dispositivos informáticos

A invasão se tornou algo tão comum no mundo virtual que em muitos casos o hacker mostra apenas o seu poder de invadir e sair, deixando como marca somente algum recado mal-educado, quase como uma brincadeira de adolescente. Mas mesmo para esse tipo de crime hoje já se prevê reclusão.

A Lei nº 12.737, de 30 de novembro de 2012, no artigo 154, diz:

> Art. 154-A. Invadir dispositivo informático alheio, conectado ou não à rede de computadores, mediante violação indevida de mecanismo de segurança e com o fim de obter, adulterar ou destruir dados ou informações sem autorização expressa ou tácita do titular do dispositivo ou instalar vulnerabilidades para obter vantagem ilícita (Brasil, 2012).

Esse texto, no entanto, pode ser interpretado de formas diferentes. Suponha que alguém passe a senha do computador para outra pessoa acessá-lo em determinado momento e por algum motivo se esqueça de alterar a senha e a pessoa continue usando os dados e informações daquele equipamento. Neste caso, o indivíduo deu o consentimento e passou a senha para outra pessoa, embora não tenha estabelecido um tempo ou limite para que essa pessoa parasse de ter acesso. Essa situação não configura crime. Já se um cônjuge, namorado ou namorada pega o celular sem a permissão do outro e dá uma espiadinha, temos uma invasão; e, se comprovado o fato, o invasor pode ser preso, como previsto em lei.

Extorsão cibernética

A extorsão cibernética é bem parecida com a extorsão no mundo real, porém utiliza técnicas que com frequência vêm junto com a coação. Em geral a extorsão se inicia com uma conversa normal, até que as duas partes ganham mais intimidade, segurança e confiança uma na outra. Na verdade, de um lado o que temos é o criminoso se passando por outra pessoa.

Uma etapa comum nessas conversas é um pedir ao outro que envie fotos sensuais; do lado do criminoso, são utilizadas fotos de sites de pornografia de pessoas comuns, para parecerem reais. Quando a vítima envia os famosos ***nudes***, o criminoso passa a chantageá-la, seja dizendo que ela está trocando mensagens com uma criança ou adolescente, seja exigindo que pague alguma despesa para não ser exposta. Com medo da exposição, de uma repercussão entre família, amigos e colegas de trabalho e até mesmo do envolvimento da polícia no caso em que se forja o envolvimento com criança ou adolescente, a vítima continua transferindo dinheiro, até chegar o momento em que não tem mais condições de pagar. E, muitas vezes, quando a vítima percebe que caiu em um golpe de extorsão, já é tarde.

Esse é apenas um exemplo de golpe de extorsão, pois existem muitos outros em que também se utiliza a chantagem para conseguir o que se quer.

Sequestro de dados

O sequestro de dados também tem se tornado bastante comum, principalmente com a utilização de softwares hackers para bloquear o acesso aos dados em equipamentos de TI, evitando que o próprio dono consiga acessar seus arquivos pessoais e de trabalho. Nesse caso o hacker consegue fazer com que a vítima clique num link ou aceite que algum plug-in seja instalado. Assim, todas as informações são criptografadas, e o acesso só volta a ser liberado mediante pagamento, que pode ser feito por meio de Pix ou de algum tipo de moeda virtual.

Durante a pandemia, alguns hospitais foram atacados e todas as informações dos pacientes foram criptografadas, o que ocasionou um enorme problema, tanto para pacientes, pois alguns procedimentos dependiam da verificação de suas fichas, quanto para médicos. Alguns órgãos públicos tiveram que ceder aos criminosos e pagar o resgate para ter acesso novamente ao banco de dados.

Para se precaver desse tipo de ataque, a melhor opção é ter um backup atualizado de todos os dados de seu equipamento e, sempre que possível, testar os dados que estão em cópia para ver se tudo funciona corretamente.

Figura 3.2 – Backup.

O backup é um recurso indispensável, principalmente para as empresas. O backup na nuvem é um serviço em que o backup dos dados e aplicativos é armazenado em um servidor remoto.

Cryptojacking

O termo "cryptojacking" vem de duas palavras em inglês, ***crypto***, relacionada a criptomoedas virtuais, e ***jacking***, usada no sentido de "furto" ou "roubo". Esse tipo de crime está relacionado ao sequestro do processamento do seu computador para realizar atividades ilícitas de minerar criptomoedas e obter ganhos.

Existem dois tipos de ataque para efetivar o cryptojacking. Um deles utiliza um plug-in nos navegadores; ele é um dos mais realizados, pois não há necessidade de instalação, já que o código é executado quando o usuário acessa uma página web infectada. O outro método consiste na ativação de um malware instalado na máquina da vítima.

Uma das formas de evitar esse tipo de ataque, principalmente o que utiliza um site infectado, é instalar uma extensão no navegador chamada No Coin, para o Google Chrome, ou NoMiner – Block Coin Miners, para o Edge, da Microsoft. Outras maneiras de se prevenir são as mais óbvias e difundidas, como não abrir anexos de e-mails não confiáveis e não clicar em links desconhecidos.

Ameaças virtuais

As ameaças virtuais se tornaram quase uma rotina no cotidiano on-line, principalmente pela sensação de impunidade ligada a elas. Esse tipo de crime, no entanto, está previsto no Decreto-Lei nº 2.848, de 7 de dezembro de 1940, conhecido como Código Penal, que em seu artigo 140 define "ameaça" como: "Ameaçar alguém, por palavra, escrito ou gesto, ou qualquer outro meio simbólico, de causar-lhe mal injusto e grave" (Brasil, 1940). A pena é detenção de 1 a 6 meses ou multa.

Caso você sofra algum tipo de ameaça, vá imediatamente a uma delegacia ou faça um boletim de ocorrência (BO) on-line. Não se esqueça de armazenar as provas, como prints das telas da conversa em que foi feita a ameaça, nome da pessoa que o ameaçou e gravações de áudio e vídeo, se houver. Tudo pode ser anexado no processo.

Haters

A palavra "hater" tem origem inglesa e significa "aquele que odeia" – se fôssemos traduzir de forma literal, teríamos "odiadores". Esse termo é muito utilizado por pessoas que cometem o famoso bullying virtual, ou cyberbullying, pois normalmente esse tipo de pessoa gosta de atacar, criticar e costuma exagerar em seus comentários.

Alguns haters criam perfis falsos para não serem identificados em redes sociais, outros são ousados e não se escondem. O ódio expresso apenas em comentários, sem ameaças virtuais, não configura crime, mas, dependendo da interpretação, pode ser enquadrado como calúnia e difamação e, aí sim, pode-se ter um crime.

COMO EVITAR CAIR EM GOLPES E CRIMES CIBERNÉTICOS

A maioria das fraudes e golpes cibernéticos ainda está ligada à atenção dos usuários. Você deve se lembrar do crime em que bandidos ligavam de dentro da cadeia dizendo que estavam com algum ente querido da pessoa e que, se não fosse feita uma transferência de determinado valor, fariam mal à suposta vítima ou até a matariam. Muitas vezes esses bandidos conseguiam o nome das pessoas pelo Facebook, esperavam o momento em que elas faziam check-in[1] em algum lugar em que fosse inviável atender ao telefone, como no cinema, e aproveitavam o tempo em que elas estavam incomunicáveis para pedir o resgate. Esse golpe perdurou por muito tempo, fazendo diversas vítimas.

Outras fraudes, como leilões inexistentes e anúncios fakes de carros baratos (porém com fotos reais e que levam a emboscadas para roubos), também são comuns. Um dos golpes mais recentes é o de encontros amorosos por aplicativo. É preciso estar muito atento para situações que pareçam muito vantajosas ou fáceis. Se estivermos desatentos e despreparados, podemos acabar indo direto aos bandidos.

Aqui já comentamos bastante sobre como evitar cair em alguns golpes e também como se precaver de alguns crimes cibernéticos. É importante que os usuários tenham atitude perante os riscos que correm. Proteger suas informações que estão nas redes sociais é um dos pontos fundamentais, assim como manter o sistema operacional sempre atualizado e ter um excelente antivírus (parece óbvio, mas, acredite, muitas pessoas preferem economizar em um antivírus e ainda usam software pirata, o que não é recomendável).

IMPORTANTE

Se mesmo tendo feito o possível você não conseguiu evitar cair em um golpe ou crime cibernético, o ideal é ir até uma delegacia de polícia e registrar um BO. Caso presencie algum crime on-line como injúria racial, pedofilia, xenofobia, entre outros, você pode acessar o link: https://new.safernet.org.br/denuncie (acesso em: 20 mar. 2023) e fazer a sua denúncia com o máximo de informações que tiver. Uma equipe especializada nesses tipos de crimes virtuais vai realizar a investigação e tentar deter os culpados.

1 Quando alguém marca que está em algum lugar em sua rede social.

PRINCIPAIS PENALIDADES

Com o avanço da tecnologia, muitos crimes passaram a acontecer também no mundo digital. Com isso, a nossa legislação teve que acompanhar as mudanças. Na antiga versão do Código Penal estava prevista uma reclusão de 3 meses a 1 ano e multa para a invasão a computadores. Nos dias atuais os criminosos ririam dessa pena, pois para muitos esse risco compensa – isso sem considerar os réus primários, que provavelmente pagariam uma fiança e poderiam ter a pena convertida em ação social.

Hoje há a Lei nº 12.737, de 30 de novembro de 2012, também conhecida como Lei Carolina Dieckmann. Segundo esta lei, se o hacker apenas invadiu o computador ou dispositivo informático e não fez absolutamente nada, a pena será de 3 meses a 1 ano de reclusão; caso tenha cometido algum delito financeiro, a pena pode ser aumentada de um sexto a um terço; caso tenha obtido alguma vantagem industrial ou comercial, como algum segredo, a pena pode chegar de 6 meses a 2 anos e multa.

PRÁTICAS DE SEGURANÇA CIBERNÉTICA

Disponibilidade

Muitas vezes temos a necessidade de trabalhar em casa e não pensamos em imprevistos, como falta de energia, falta de conexão com a internet ou mesmo invasão do PC. Para combater esses entraves, podemos adotar algumas medidas.

Caso haja uma queda de energia, por exemplo, para evitar que o equipamento queime ou que se percam dados com o desligamento abrupto do computador, podemos adquirir um nobreak.

Figura 3.3 – Nobreak.

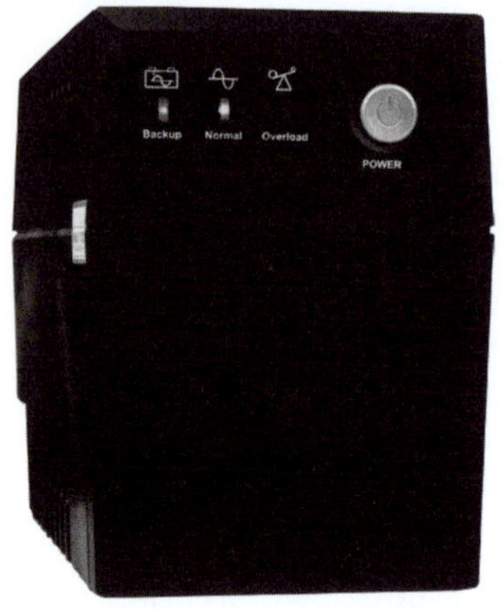

Você pode acessar o Google e pesquisar: *nobreak*. O ideal é dar preferência aos que tenham autonomia de pelo menos 15 minutos.

Todos os nobreaks têm uma autonomia mínima quando falta energia no ambiente; alguns variam de 5 minutos até 2 horas – isso para equipamentos caseiros. Em empresas, existem até motores que geram energia, assim como em hospitais.

Se a disponibilidade se referir a equipamentos, como PCs ou notebooks, é interessante sempre ter um reserva – pode ser até um tablet pequeno –, e as informações devem estar em nuvem, para que o acesso seja feito de qualquer lugar que tenha internet. Já se a disponibilidade for de internet, é importante ter um backup de conexão, que nesse caso pode ser um chip de celular ou o próprio celular. Pense em uma situação de queda de energia: se você tem um nobreak que te ajuda por 30 minutos, ou um notebook com bateria, além da conexão de internet do seu celular, por pelo menos mais 30 minutos você pode finalizar um relatório, enviar um e-mail e até acessar um servidor remotamente.

Segurança do Windows

Quando finalizamos a instalação do Windows 10 Enterprise, em seguida já atualizamos o sistema operacional e o deixamos um pouco menos vulnerável. Porém ainda temos que fazer diversas configurações para proteção contra ataques e roubos virtuais.

Para dar uma checada em alguns itens, acesse as configurações do Windows, clicando em ***Iniciar*** e localizando a opção ***Segurança do Windows***. Veja os itens que estão com um sinal amarelo. Isso significa que o Windows está pedindo a sua atenção para eles.

Figura 3.4 – Segurança do Windows.

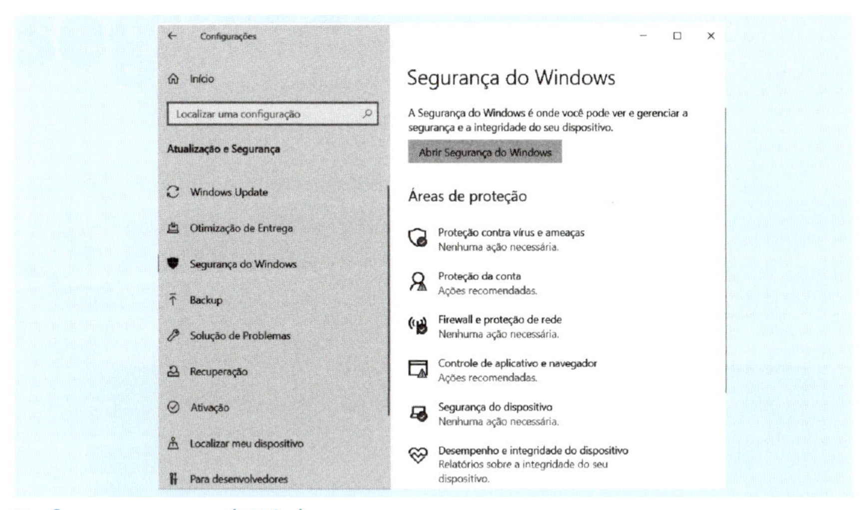

Configurar a segurança do Windows.

No nosso exemplo, o primeiro ponto a que devemos nos atentar diz respeito à conta. O Windows pede que você entre com uma conta Microsoft. Se você tiver uma conta, pode clicar em ***Proteção da conta*** e realizar o acesso. Caso queira criar uma conta apenas para fazer nossos testes e exercícios, acesse o site oficial da Microsoft (https://account.microsoft.com/account), depois clique em ***Entrar*** e então escolha ***Crie uma***! Digite um login e uma senha e finalize o processo de criação da conta Microsoft. Após a criação da conta, pode-se acessar o Windows com o login e a senha criados.

Se você quiser apenas retirar o alerta do Windows, pode clicar em ***Ignorar*** e esse ponto de atenção será removido.

Note que em nosso exemplo o item ***Controle de aplicativo e navegador*** também está com um sinal de atenção. Acesse e veja o que o sistema está pedindo; se for algo para melhorar a segurança, pode ativar. No nosso exemplo, o sistema fornece a opção de, na navegação, ativar a proteção a depender da reputação que os usuários atribuem ao aplicativo. Essa opção pode ser considerada, porém não é um método 100% seguro.

Ataque cryptojacking

Como já vimos antes, o ataque cryptojacking faz com que seu computador perca processamento e fique mais lento, além de ajudar os hackers a minerar moedas digitais. Uma das maneiras mais eficientes de combater esse tipo de ataque é instalando um add-on no seu navegador.

Como exemplo, vamos abrir o Edge do Windows 10 e pesquisar no Google o app que bloqueia links suspeitos e malwares que podem ser instalados quando estivermos navegando. Busque por: *NoMiner–Block Coin Miners.* Ao acessar o link da Microsoft com o app para o Edge, clique em *Obter*.

Ao fim da instalação, o navegador mostrará o logo do app, uma espécie de machadinho ou picareta. Agora qualquer link ou site malicioso com os códigos de sequestro de processamento para minerar moedas digitais será bloqueado pelo seu navegador.

Figura 3.5 – Instalação do NoMiner.

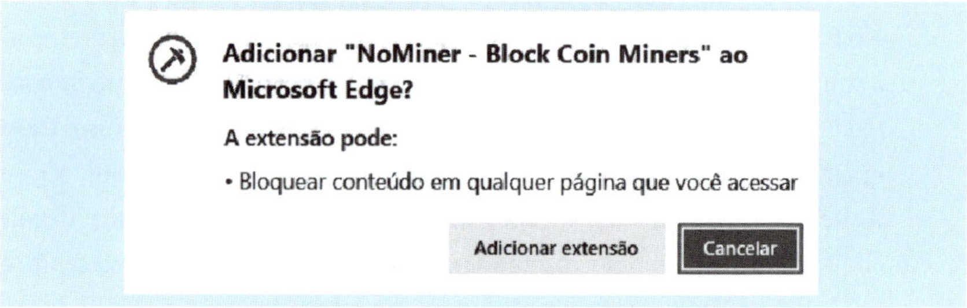

Adicionar "NoMiner - Block Coin Miners" ao Microsoft Edge?

A extensão pode:

• Bloquear conteúdo em qualquer página que você acessar

Adicionar extensão | Cancelar

Configurando a defesa para ataques cryptojacking.

Ataque de ransomware

Como já sabemos, os ataques de ransomware crescem cada vez mais, assustando todos que possuem um computador. Muitos recursos já foram criados para driblar esse tipo de ataque e evitar perdas. Vamos demonstrar no antivírus Avast como se prevenir. Acesse o aplicativo, clique em *Proteção* e depois em *Módulo Ransomware*.

Figura 3.6 – Configurando o Módulo Ransomware no Avast.

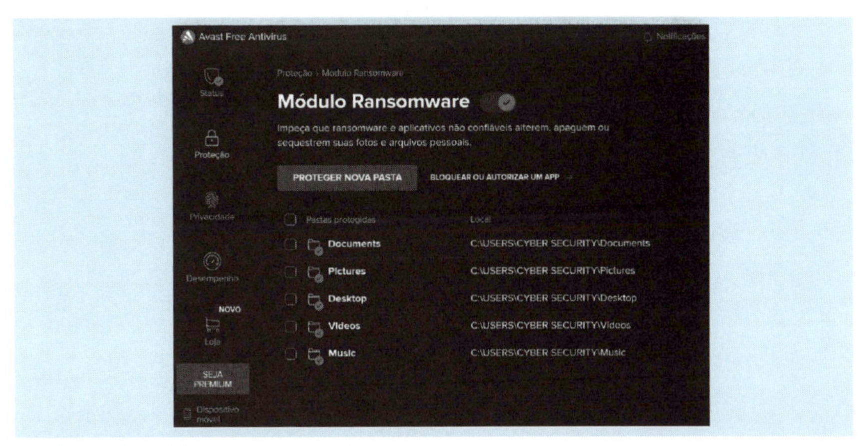

Configurando a defesa para ataques de ransomware.

O Avast já seleciona algumas pastas para proteção, mas, se você quiser, pode escolher outras para não deixar nenhum software malicioso fazer qualquer tipo de alteração.

ARREMATANDO AS IDEIAS

Neste capítulo vimos os principais tipos de crimes e como agem os criminosos, principalmente no que diz respeito a golpes e ataques cibernéticos com malwares, que podem prejudicar os computadores e até sequestrar dados. Existem muitas formas eficazes de proteger as informações dos computadores contra ataques externos. Como já mencionamos, ter um antivírus sempre atualizado é um ponto importante – para saber qual o melhor, vale testar os que se destacam em performance, processamento e eficácia na proteção contra malwares.

Outros pontos fundamentais são configurar o firewall e bloquear o acesso aos roteadores de DHCP que fornecem IPs a dispositivos wireless (isso pode ajudar, e muito, a deter acessos indesejados) e nunca criar uma senha padrão para todos os acessos (e-mails, contas bancárias, entre outros) – o ideal é trocar pelo menos uma vez a cada dois meses.

Cuidar dos seus dados é primordial para evitar transtornos, principalmente financeiros, que são o objetivo maior dos hackers.

CAPÍTULO 4

Leis e normas de tecnologia da informação

Você sabia que o Brasil é referência para outros países quando o assunto é legislação relacionada à tecnologia da informação (TI)? Uma das primeiras leis relacionadas à área de TI no Brasil foi a Lei nº 8.248, de 23 de outubro de 1991, conhecida como Lei de Informática. Ela é considerada um modelo para outros países ao redigirem suas próprias leis pertinentes à área. Essa lei brasileira regulamenta o uso e a proteção de dados e informações pessoais no âmbito do governo federal, estabelecendo normas para o tratamento de dados pessoais pelo governo, incluindo coleta, armazenamento, uso, divulgação e acesso a esses dados. Também estabelece as responsabilidades dos órgãos públicos no que diz respeito à proteção de dados pessoais e penalidades para quem descumprir as disposições e cria o Conselho Nacional de Proteção de Dados Pessoais e da Privacidade, um órgão responsável por supervisionar o cumprimento da lei e emitir orientações e recomendações sobre o assunto.

Uma lei conectada à Lei nº 8.248 é a Lei nº 13.969, de 26 de dezembro de 2019. As duas são leis brasileiras que versam sobre investimentos em atividades de pesquisa, desenvolvimento e inovação (PD&I) no setor de tecnologias da informação e comunicação (TIC) e estabelecem critérios para que esse tipo de empresa possa ter acesso a créditos financeiros. Também dão preferência às empresas que desenvolvem tecnologias no país quando da aquisição de produtos pelos órgãos da administração pública federal e outras organizações sob o controle direto ou indireto da União. É o Decreto nº 10.356, de 20 de maio de 2020, por sua vez, que regulamenta a legislação de TIC e estabelece os critérios tanto para a habilitação ao regime de crédito financeiro quanto para sua apuração, geração e utilização. O decreto também define as infrações e sanções em caso de descumprimento da legislação e garante fiscalização.

SUGESTÕES PARA SE APROFUNDAR

Para entender mais sobre as duas leis de TIC citadas, acesse o seu texto na íntegra:

- Lei nº 8.248, de 23 de outubro de 1991: https://www.planalto.gov.br/ccivil_03/leis/l8248.htm. Acesso em: 5 jan. 2023.
- Lei nº 13.969, de 26 de dezembro de 2019: https://www.planalto.gov.br/ccivil_03/_ato2019-2022/2019/lei/l13969.htm. Acesso em: 5 jan. 2023.

Neste capítulo serão abordadas as principais leis e normas de TI. Essas leis e normas são conjuntos de regras, regulamentos e guias que visam regulamentar a utilização dos equipamentos de TI e proteger os direitos dos usuários e das pequenas, médias e grandes empresas.

INTRODUÇÃO ÀS LEIS DA INFORMÁTICA

As leis de TIC são importantes para as pessoas e empresas porque estabelecem critérios e incentivos para o desenvolvimento de tecnologias de informação e comunicação no país. A maior parte dessas leis traz muitos benefícios, como aumento da competitividade, geração de empregos e inovação. Elas também estabelecem regras para o uso da maioria das tecnologias, garantindo, por exemplo, a proteção de dados e a privacidade, o que é importante para as pessoas e empresas que utilizam esses serviços, principalmente quando acessam a internet e estão sujeitas a riscos diversos. Além disso, as leis de TIC podem promover a inclusão digital e o acesso à tecnologia para toda a população, o que pode trazer benefícios sociais e econômicos para o país como um todo.

Ainda como benefícios dessa legislação, podemos citar a garantia, a transparência e a conformidade com as normas e padrões estabelecidos. Isso é importante para assegurar a confiabilidade e segurança das tecnologias utilizadas, o que favorece tanto as empresas quanto os usuários finais. As leis de TIC também podem estabelecer mecanismos de proteção e defesa de direitos, como a proteção de propriedade intelectual, fundamental para garantir que os investimentos em pesquisa, desenvolvimento e inovação sejam recompensados e possam ser utilizados de maneira justa e equilibrada.

Principais leis

Existem muitas leis e normas vigentes que versam sobre tecnologia da informação no nosso país. A seguir, apresentamos algumas delas:

- Lei Geral de Proteção de Dados Pessoais (LGPD) (Lei nº 13.709/2018): estabelece as regras para coleta, armazenamento, tratamento e proteção de dados pessoais no Brasil.

- Lei de Acesso à Informação (Lei nº 12.527/2011): garante o direito de acesso à informação pública aos cidadãos e estabelece as regras para o compartilhamento de informações pelo governo.
- Lei de Crimes Cibernéticos, ou Lei Carolina Dieckmann (Lei nº 12.737/2012): estabelece as penalidades para crimes cometidos por meio de tecnologia da informação, como invasão de sistemas, spam, entre outros.
- Marco Civil da Internet (Lei nº 12.965/2014): estabelece os direitos e deveres dos usuários e prestadores de serviços de internet no Brasil, incluindo questões relacionadas à privacidade e à liberdade de expressão.
- Lei de Inovação (Lei nº 13.243/2016): visa fomentar a inovação no Brasil e promover o desenvolvimento de novas tecnologias e soluções empresariais.

Essas são as principais leis de TI no Brasil, mas existem outras leis e regulamentações que também são relevantes para o setor, como a Lei de Modernização da Gestão Pública (Lei nº 13.460/2017), que define regras para a utilização de tecnologia da informação nas instituições públicas, e a Lei de Consulta e Acesso a Dados Públicos (Lei nº 13.475/2017), que estabelece regras para o acesso à informação pública pelo setor privado, além das já citadas na abertura do capítulo.

Lei Carolina Dieckmann

A Lei nº 12.737/2012, conhecida como Lei Carolina Dieckmann, foi criada com o objetivo de proteger pessoas que sofreram crimes como invasão de privacidade, difamação e ameaça através da internet ou de outras redes de comunicação eletrônica. Essa lei federal brasileira foi criada no ano de 2012, após a atriz Carolina Dieckmann ter sido vítima de um vazamento de fotos íntimas de seu computador.

A lei prevê penas mais severas para crimes virtuais, como prisão de até três anos para quem disseminar conteúdo íntimo sem o consentimento da pessoa afetada e de até cinco anos para quem invadir a privacidade de alguém por meio da internet. Além disso, também estabelece medidas de proteção para as vítimas de crimes virtuais, incluindo a possibilidade de solicitar a remoção de conteúdo prejudicial da internet.

A Lei Carolina Dieckmann é importante por ser mais uma forma de proteger as pessoas de crimes virtuais, que podem causar sérios danos emocionais e prejudicar a vida pessoal e profissional das vítimas. A lei também incentiva a responsabilidade digital e ajuda a promover a segurança e a privacidade na internet, tendo sido bem recebida pela sociedade e considerada um importante passo na proteção das pessoas contra crimes virtuais. Por outro lado, muitos argumentam que a lei ainda não é suficientemente eficaz na proteção das vítimas e que ainda há muito trabalho a ser feito para garantir a segurança e a privacidade na internet.

Marco Civil da Internet

A Lei nº 12.965/2014, ou Marco Civil da Internet, é uma lei brasileira que foi promulgada com o objetivo de estabelecer as bases para o uso da internet no Brasil e garantir a proteção dos direitos dos usuários. Tem como principal objetivo garantir a liberdade de expressão e o direito à privacidade, bem como estabelecer regras para a responsabilidade civil de provedores de serviços de internet e para a retirada de conteúdo da rede.

Uma das principais disposições do Marco Civil é a garantia do direito à privacidade dos usuários. A lei estabelece que os provedores de serviços de internet não podem armazenar ou divulgar informações sobre os usuários sem o consentimento expresso destes. Também define, por exemplo, algumas regras para o uso de cookies – pequenos arquivos de texto armazenados no navegador de internet e que guardam informações sobre as preferências do usuário e suas atividades em um site (o que pode configurar uma invasão de privacidade) – e outras tecnologias de rastreamento, exigindo o consentimento prévio do usuário para o uso destas.

Outra disposição importante do Marco Civil é a garantia da liberdade de expressão dos usuários. A lei estabelece que os provedores de serviços de internet não podem bloquear, filtrar ou restringir o acesso a conteúdo na internet, a menos que haja uma ordem judicial para isso. Um trecho da lei também proíbe a censura de conteúdo na internet, exceto em casos de incitação ao ódio, violência ou crime.

O Marco Civil define, ainda, regras para a responsabilidade civil de provedores de serviços de internet. De acordo com a lei, os provedores só podem ser responsabilizados pelo conteúdo gerado por terceiros se tomarem conhecimento da existência de conteúdo ilegal e não o removerem de forma rápida. Também não podem ser responsabilizados por danos causados por atos de terceiros, a menos que tenham sido negligentes em sua obrigação de manter a segurança da rede.

Em resumo, o Marco Civil da Internet é uma lei importante para garantir os direitos dos usuários da internet no Brasil e estabelecer regras para o uso da rede. Vale salientar que ele foi precursor da LGPD, que resultou de uma série de atualizações no Marco e trouxe novas disposições em relação ao tema.

LGPD

A LGPD é uma lei brasileira aprovada em 2018 com o objetivo de estabelecer regras para o tratamento de dados pessoais no Brasil. A lei visa garantir a privacidade e a proteção dos dados pessoais dos cidadãos brasileiros e estabelecer um marco legal para o uso de dados pessoais na era digital.

De acordo com a LGPD, dados pessoais, como nome, CPF, RG, e-mail, número de telefone e dados de localização, são informações que podem ser usadas para identificar uma pessoa, e assim esses dados só podem ser coletados, usados e compartilhados com consentimento expresso, exceto em casos específicos previstos em lei.

A LGPD também estabelece regras para a segurança dos dados pessoais, exigindo que as empresas adotem medidas de segurança adequadas para proteger esses dados contra vazamentos, perda ou mau uso. Outro ponto importante são as regras para o uso de dados pessoais com finalidades de marketing e publicidade – é preciso que haja o consentimento prévio da pessoa para o uso de seus dados nessas atividades.

Com a LGPD, as empresas foram obrigadas a criar o cargo de encarregado de proteção de dados (EPD), que é o responsável por garantir o cumprimento da lei dentro das empresas e pelo exercício dos direitos dos titulares de dados pessoais. Temos que frisar que, caso as empresas não cumpram essas determinações, podem sofrer penalidades, incluindo multas e até mesmo a suspensão de atividades.

Figura 4.1 – Privacidade e proteção de dados.

As empresas têm como uma de suas obrigações a proteção dos dados dos clientes.

PRINCIPAIS NORMAS ISO DE SEGURANÇA DA INFORMAÇÃO

ISO é o acrônimo de International Organization for Standardization, ou Organização Internacional de Padronização, em tradução livre. O principal objetivo dessa organização é desenvolver e promover normas, padronizações, testes de conformidade e certificações. Desde sua inauguração, em 1947, a organização publicou cerca de 24 mil normas e padronizações internacionais, principalmente nas áreas de indústria, comércio, tecnologia, alimentação, agricultura e saúde. No Brasil, a ISO é representada pela Associação Brasileira de Normas Técnicas (ABNT).

É preciso lembrar que a adesão às normas ISO é voluntária, isto é, elas não são obrigatórias, como uma lei que deve ser seguida e, caso contrário, pode levar a sanções. Essas normas não são exigidas por nenhuma lei dentro do Brasil, porém, no caso da área de segurança da informação, por exemplo, muitas empresas as implementam como forma de demonstrar um compromisso com a segurança da informação de seus funcionários e clientes e também como forma de atender aos requisitos de clientes e possíveis reguladores.

ISO 27000

A ISO 27000 não é uma única norma, e sim uma família de normas de segurança da informação e proteção de dados para empresas e órgãos públicos. Há aproximadamente 45 normas de segurança dentro desta família, que estabelecem alguns princípios norteadores da segurança da informação, como confidencialidade, integridade, disponibilidade e autenticidade, e fornecem termos e definições usados no processo de criação e padronização de um sistema de gestão de segurança da informação (SGSI) nas organizações, independentemente de seu tamanho ou setor de atuação. Um SGSI reúne as políticas, procedimentos, diretrizes e recursos de proteção de informação de uma empresa, e é muito importante que esteja alinhado a seus objetivos de negócio.

As certificações da família ISO 27000 foram desenvolvidas em parceria entre a ISO e a International Electrotechnical Commission (IEC). Atualmente está em vigor a ISO/IEC 27000:2018.

A seguir, detalharemos duas normas desta família: a ISO 27001 e a ISO 27002.

Norma ISO 27001

A norma ISO 27001 é a norma internacional para a implementação de um SGSI. Ela fornece um conjunto de requisitos para estabelecer, implementar, manter e melhorar um SGSI, bem como uma base para a certificação. O objetivo dessa norma é ajudar as organizações a protegerem a confidencialidade, a integridade e a disponibilidade das informações que possuem, a chamada tríade da segurança da informação.

Publicada pela primeira vez em 2005, atualmente encontra-se em sua 11ª edição, publicada em 2013.

Figura 4.2 – Base da ISO 27001.

Entre os aspectos contemplados na ISO 27001, está a tríade da segurança da informação: confidencialidade, integridade e disponibilidade.

A ISO 27001 é baseada no modelo de risco ***plan***, ***do***, ***check***, ***act***, ou PDCA, uma metodologia que ajuda as organizações a identificarem os riscos à segurança da informação, avaliar esses riscos e implementar medidas de controle para minimizá-los. A norma também exige que as organizações estabeleçam um conjunto de políticas e procedimentos para gerenciar a segurança da informação e realizem avaliações periódicas para verificar se essas políticas e procedimentos estão sendo cumpridos.

Para se tornar certificada pela ISO 27001, uma organização deve passar por uma auditoria independente, que vai verificar se ela está cumprindo os requisitos da norma. A certificação é renovada anualmente através de auditorias de manutenção. A ISO 27001 é reconhecida globalmente como um padrão de excelência para a gestão da segurança da informação e pode ser aplicada a qualquer tipo de organização, independentemente do tamanho ou do setor de atuação.

Norma ISO 27002

A ISO 27002 é uma norma internacional que fornece diretrizes para implementar um SGSI. Essa norma é muitas vezes utilizada em conjunto com a ISO 27001. A ISO 27002 foi publicada pela primeira vez em 1995 e atualmente encontra-se em sua 14ª edição, de 2013. Ela fornece uma lista de recomendações e diretrizes gerais que podem ser implementadas para a proteção da informação, incluindo procedimentos sobre gerenciamento de riscos, gestão de acesso à informação, gestão de incidentes de segurança, controle de comunicações de rede e gestão de criptografia.

A ISO 27002 não é uma norma que possa ser certificada e não há requisitos específicos para seu cumprimento. No entanto, muitas organizações a utilizam como uma referência para a implementação da ISO 27001 e a adotam como parte de seu processo de conformidade regulatória. No Brasil, é amplamente utilizada por organizações de diversos setores e tamanhos. Ela é reconhecida como uma referência para a proteção da informação e é amplamente aceita como um padrão de excelência para a gestão da segurança da informação.

PRÁTICAS DE SEGURANÇA CIBERNÉTICA

Sabemos que a criptografia é uma das metodologias mais eficazes para manter as informações seguras, tanto que o próprio ransomware a utiliza para se apropriar dos dados de usuários e empresas.

Existem várias maneiras de utilizar a criptografia na prática. A seguir, listamos algumas delas:

- Criptografia de arquivos: é possível criptografar arquivos individuais ou pastas inteiras usando ferramentas de criptografia de software, como o VeraCrypt ou o BitLocker (no caso do Windows). Isso garante que somente as pessoas com acesso à chave de descriptografia possam visualizar o conteúdo criptografado.

- Criptografia de comunicações: a criptografia de comunicações é usada para garantir que somente o destinatário pretendido possa ler mensagens ou outros dados transmitidos. Isso pode ser feito usando protocolos de comunicação criptografados, como o HTTPS ou o SSL/TLS.

- Criptografia de dispositivos de armazenamento: é possível criptografar dispositivos de armazenamento, como discos rígidos externos e unidades flash USB, usando ferramentas de criptografia de hardware, como o TrueCrypt ou o Disk Cryptor.

- Criptografia de senhas: as senhas podem ser criptografadas antes de serem armazenadas em um banco de dados ou de alguma outra forma, para garantir que somente as pessoas autorizadas possam descobri-las. Isso é geralmente feito usando uma função de resumo de hash criptográfica.

BitLocker – Windows

O BitLocker é um recurso de criptografia de disco incluído no sistema operacional Windows que permite criptografar discos rígidos e unidades flash USB para proteger os dados armazenados neles. Ele funciona criando uma chave de criptografia que é usada para criptografar todos os dados no disco, e somente as pessoas com acesso à chave podem descriptografar e acessar os dados.

Para acessar esse recurso, clique na pesquisa do Windows e digite ***BitLocker***; em seguida, clique em ***Gerenciar o BitLocker***.

Figura 4.3 – Tela do BitLocker.

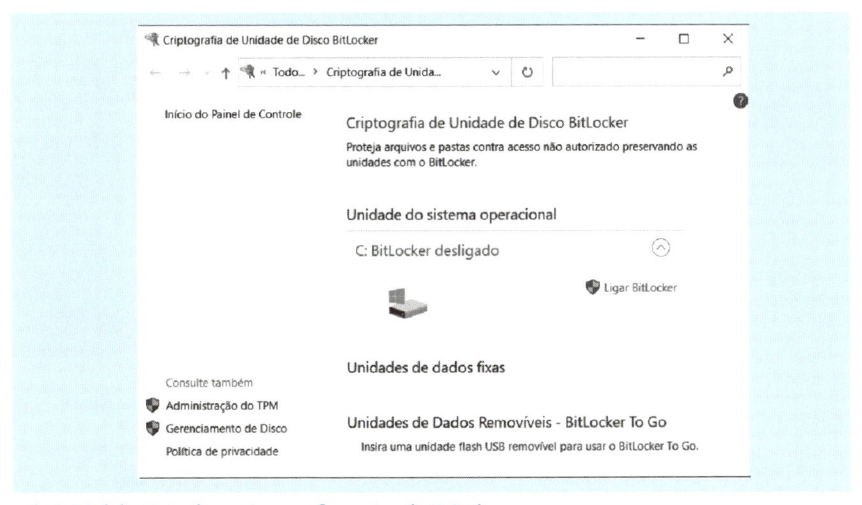

Tela inicial do BitLocker: criptografia nativa do Windows.

O BitLocker possui vários recursos de segurança, incluindo a verificação de integridade do disco para detectar qualquer modificação não autorizada, a capacidade de requerer uma senha ou um token de autenticação para desbloquear o disco e a possibilidade de armazenar a chave de criptografia em um serviço de gerenciamento de chaves externo.

Para ativá-lo no seu computador, basta clicar em ***Ligar BitLocker*** e, depois, seguir os parâmetros de configuração padrão.

Alguns usos típicos do BitLocker incluem proteger dados confidenciais em laptops perdidos ou roubados, garantir a privacidade de dados em discos compartilhados e cumprir requisitos regulatórios de segurança de dados.

Software de criptografia

Existem vários softwares de criptografia que são utilizados para bloquear o acesso a arquivos e pastas. Nossa sugestão é o Encrypto (disponível em: https://macpaw.com/encrypto. Acesso em: 27 fev. 2023). Caso não seja possível fazer o download desse programa, você pode baixar qualquer outro gratuito de sua preferência.

Após fazer o download do Encrypto, o link vai aparecer na área de trabalho. Ao abrir o software, você vai encontrar a seguinte tela:

Figura 4.4 – Encrypto.

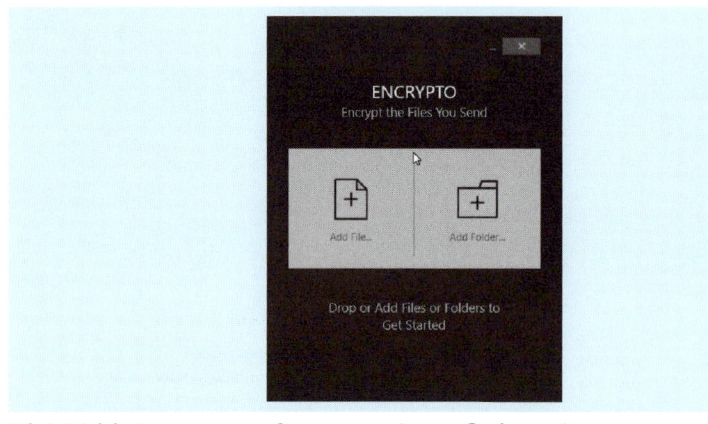

Tela inicial do Encrypto, um software para criptografia de arquivos e pastas.

Ao passar o mouse no Encrypto aberto, aparecem duas opções para realizar a criptografia: em arquivos ou pastas.

Entre em um editor de texto, como o Word ou o Bloco de Notas, e escreva uma frase que venha à sua cabeça. Por exemplo: "Arriscar sempre, desistir jamais". Salve o arquivo de texto com o nome: frase. Em seguida, abra o

Windows Explorer, posicione-o ao lado do Encrypt aberto e localize o arquivo que você acabou de salvar. Clique com o botão esquerdo do mouse em cima do arquivo e arraste-o para onde está escrito ***Add File***. A sua tela deverá ser igual à da figura a seguir.

Figura 4.5 – Criptografia de um arquivo pelo Encrypto.

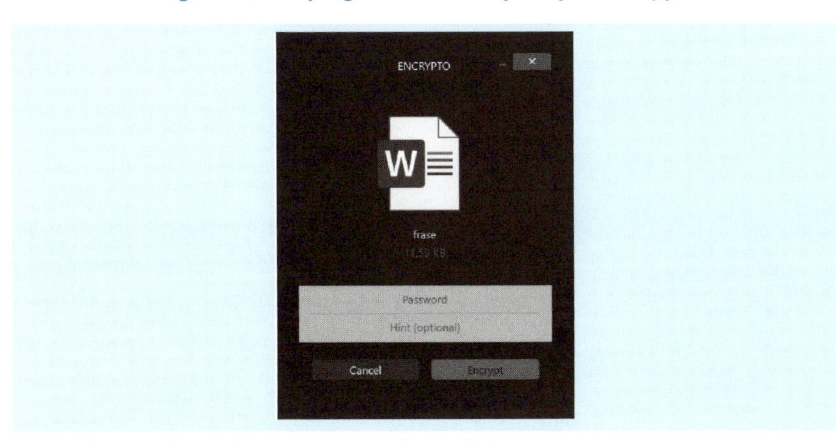

Nesta tela, o arquivo está pronto para ser criptografado.

Agora, crie uma senha que só você saiba. Depois, clique em ***Encrypt***. Em seguida, será solicitado que você selecione uma pasta para salvar o arquivo criptografado. Note que, assim que a criptografia for finalizada, o arquivo estará com outra aparência – não será mais um .docx, pois o software alterou o nome e embaralhou tudo o que estava nele. Troque arquivos com os colegas e peça a senha para saber qual frase cada um escreveu. Caso esteja fazendo o exercício sozinho, pegue novamente o arquivo que já está criptografado, jogue na tela inicial do Encrypto e refaça a criptografia.

Esteganografia

Esteganografia é a técnica de esconder informações dentro de outros arquivos, como imagens, áudios, vídeos, etc. O objetivo desse tipo de criptografia é manter a informação escondida de forma que somente as pessoas autorizadas possam detectá-la e decodificá-la. Essa técnica é diferente da criptografia, que torna a informação ilegível para quem não tem acesso à chave de descriptografia.

Existem várias maneiras de esconder informações usando esteganografia, como:

- esconder dados em bits não significativos de um arquivo de imagem, áudio ou vídeo;
- esconder dados em arquivos de texto ou outros arquivos comuns;
- esconder dados em espaços em branco, como espaços entre palavras ou caracteres;
- esconder dados em metadados, como informações EXIF de imagens.

Para fazermos alguns testes, podemos buscar softwares gratuitos de esteganografia. Podemos também utilizar um software on-line, sem a necessidade de instalação. Nossa sugestão é usar o site Steganography Online (disponível em: https://stylesuxx.github.io/steganography/. Acesso em: 27 fev. 2023).

Baixe qualquer imagem .jpg para fazer um teste. Neste exemplo, vamos usar a imagem de um cachorro e preencher os campos do site. Vamos abrir a imagem e criar uma frase, que será criptografada junto. Após preencher tudo, clicamos no botão ***Encode***.

Figura 4.6 – Esteganografia: criptografando.

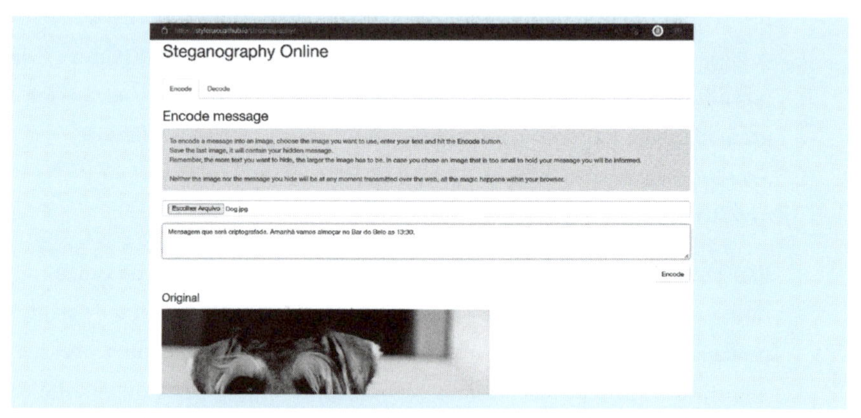

A esteganografia de um arquivo pode ser feita em softwares on-line, que não demandam instalação em uma máquina.

Note que abaixo da imagem original foram adicionadas mais duas, criando uma atenuação entre a parte escrita e a imagem. Clique na última imagem e faça o download. Ao salvar, perceba que a extensão da imagem mudou para .png.

Para realizar a decodificação, você deve clicar na aba ***Decode*** no site, escolher o arquivo que está com a esteganografia e, em seguida, clicar no botão ***Decode***. A decodificação da mensagem dentro da imagem irá aparecer, como apresenta a figura a seguir.

Figura 4.7 – Esteganografia: descriptografando.

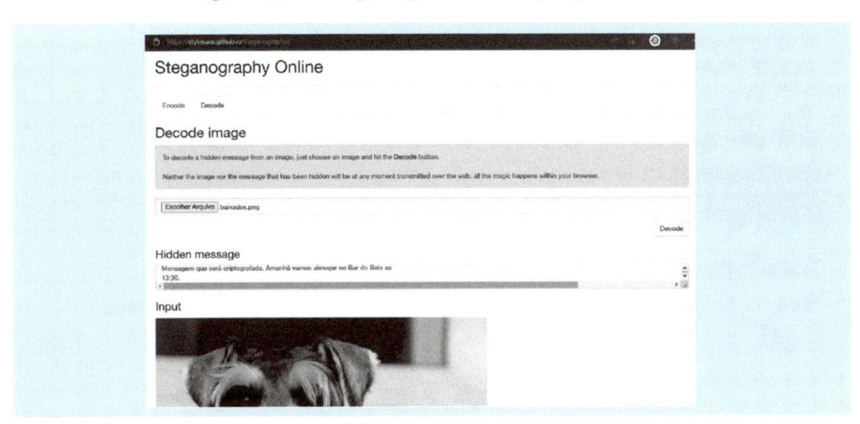

Assim como criptografamos, também conseguimos descriptografar o arquivo gerado no software on-line de esteganografia.

É importante frisar que a criptografia e a esteganografia não são soluções mágicas para todos os problemas de segurança e sempre é necessário seguir as boas práticas de segurança, como manter os sistemas e softwares atualizados e utilizar senhas fortes e diversas.

SUGESTÕES PARA SE APROFUNDAR

Além das leis e normas trabalhadas neste capítulo, não podemos deixar de citar outros tipos de leis que estão ligadas à área de TI e que podem e devem ser pesquisadas para aprimorar o seu conhecimento:

- Leis de proteção de propriedade intelectual: protegem a propriedade intelectual, incluindo direitos autorais e patentes, e regulamentam o uso de obras protegidas por esses direitos.
- Normas de conformidade: estabelecem padrões para a conformidade com leis e regulamentos, incluindo leis fiscais e de proteção do consumidor.
- Normas de ética: estabelecem padrões éticos para o uso da tecnologia da informação, incluindo privacidade e responsabilidade social.

ARREMATANDO AS IDEIAS

Neste capítulo estudamos os fundamentos das principais leis e normas ligadas à área de tecnologia da informação. Conhecemos também as normas ISO de segurança da informação, que são amplamente utilizadas como referência para a proteção da informação e respeitadas por várias empresas no Brasil, reconhecidas como padrões de excelência para a gestão da segurança da informação. Como vimos, as normas devem servir de guias para proteger as empresas e os usuários, e as leis devem ser obedecidas e sempre lembradas para a proteção de todos.

CAPÍTULO 5

Informações seguras

Suponha que você seja dono de uma empresa que sofre um ataque hacker. Neste ataque, a disponibilidade foi afetada e dados foram roubados e perdidos. Se em vez de dono você fosse cliente desta empresa, voltaria a fechar negócio com ela? A confiabilidade da empresa ficaria prejudicada pelo ataque?

Especialmente em ambientes empresariais, onde os dados são cruciais para os negócios, é fundamental implementar medidas de segurança da informação para garantir a integridade, disponibilidade e confidencialidade das informações. A falta de segurança e o êxito de um ataque cibernético podem, além de manchar a imagem da empresa, levá-la à falência, pois a desconfiança dos clientes faz os negócios com essas empresas se tornarem escassos.

A segurança da informação também é importante para proteger a privacidade das pessoas e garantir que suas informações não sejam usadas de maneira indevida. As ameaças à segurança da informação estão constantemente evoluindo, portanto é vital manter-se atualizado sobre as melhores práticas e tecnologias de segurança disponíveis: uso de senhas fortes, softwares de segurança atualizados, criptografia de dados, firewalls, entre outras. No caso das empresas, também é importante treinar os funcionários em segurança da informação e fazer com que eles sigam práticas seguras, como não clicar em links suspeitos ou compartilhar senhas.

Neste capítulo vamos discutir a prática de proteger informações e sistemas de computador contra ameaças internas e externas. Isso inclui vírus, malwares, ataques hackers e roubo de dados.

INTRODUÇÃO À PROTEÇÃO DAS INFORMAÇÕES

Existem inúmeras maneiras de proteger suas informações e os sistemas de computador. Vejamos as principais:

- Autenticação de dois fatores: a autenticação de dois fatores exige que o usuário forneça duas formas de provar sua identidade, como uma senha e um código enviado por SMS ou e-mail. Isso ajuda a proteger contra o roubo de senhas e outras formas de acesso não autorizado.

- Análise de segurança: análise de segurança é o processo de examinar um sistema de computador ou rede para identificar vulnerabilidades e implementar medidas de correção. Ela pode incluir testes de penetração, verificação de código e análise de logs de segurança.

- Gestão de acesso: gestão de acesso é o processo de controlar quem tem acesso a quais recursos em um sistema de computador ou rede. Essa gestão pode incluir a definição de permissões de acesso para usuários e grupos específicos e o monitoramento do acesso aos recursos.

- Criptografia de e-mail: criptografia de e-mail é o processo de codificar mensagens de e-mail para que elas só possam ser lidas por pessoas que possuam a chave de decodificação. Isso pode ser útil para proteger informações confidenciais durante o envio de e-mails.

Essas são apenas algumas das muitas opções disponíveis para proteger suas informações e sistemas de computador. É importante avaliar as necessidades de segurança individuais ou da sua empresa e implementar as medidas apropriadas.

Firewall

Um firewall é um sistema de segurança de rede que controla o acesso das informações que entram e que saem de uma rede ou internet. Ele é usado para proteger um computador ou uma rede de ameaças externas, como vírus, worms e ataques hackers.

Existem vários tipos de firewalls, como firewalls de hardware, firewalls de software e firewalls de aplicativos. Os firewalls de hardware são dispositivos físicos que podem ser colocados entre a rede interna e a internet. Eles são geralmente mais seguros, mas também mais caros e complicados de configurar. Já os firewalls de software são mais fáceis de configurar e de gerenciar, mas podem ser menos seguros do que os firewalls de hardware. São aplicativos instalados em um computador, notebook ou servidor que controlam o acesso de entrada e saída de rede. Os firewalls de aplicativos são específicos para controlar o acesso de determinado aplicativo à rede.

A figura a seguir ilustra um firewall protegendo os servidores de uma empresa. Atrás do firewall, isto é, protegida por ele, fica toda a infraestrutura, com os servidores, computadores e demais dispositivos de rede. O firewall bloqueia os pacotes de entrada da internet de qualquer lugar do mundo, evitando vírus e ataques hackers, por exemplo.

Figura 5.1 – Firewall para empresas.

O firewall bloqueia pacotes da internet e evita sua entrada na infraestrutura de rede da empresa.

Os firewalls são configurados com regras que determinam quais pacotes de dados podem passar pelas suas camadas e quais devem ser bloqueados. Essas regras podem ser baseadas em critérios como endereço de IP, porta e tipo de tráfego de rede. Alguns firewalls também oferecem recursos de proteção adicionais, como detecção de intrusão (IDS) e filtragem de conteúdo.

Antivírus

Um antivírus é um software ou programa de computador que protege o sistema contra ameaças, como vírus, worms, cavalos de Troia e outros tipos de malware. Ele pode fazer isso de três formas:

- Escaneando o sistema em busca de qualquer atividade suspeita quando o usuário pede ao software; se encontrar algo, toma medidas para remover ou neutralizar a ameaça.
- Em tempo real, isto é, monitorando o sistema continuamente e bloqueando qualquer ameaça assim que ela é detectada.

- Com agendamento do antivírus, que pode ser determinado pelo usuário, por exemplo, toda segunda-feira ao ligar o computador.

Figura 5.2 – Antivírus.

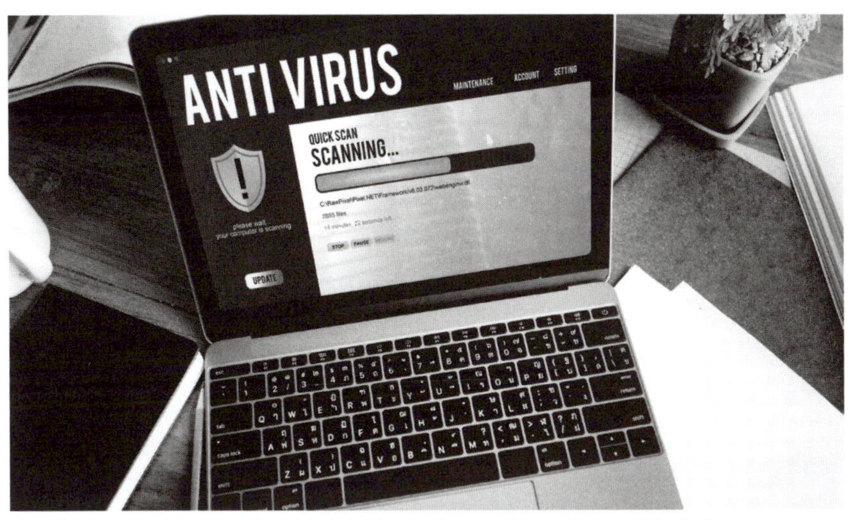

Atualizar e executar o antivírus para verificar o sistema é uma das medidas básicas para manter a proteção das informações.

Existem várias maneiras de um antivírus detectar ameaças. Alguns utilizam assinaturas, ou seja, possuem uma lista de códigos de vírus conhecidos e procuram por esses códigos no sistema. Outros utilizam técnicas de análise heurística, ou seja, procuram por padrões de comportamento suspeitos que podem indicar a presença de um vírus. Alguns também utilizam a nuvem para compartilhar informações sobre novas ameaças com outros usuários do software.

É importante lembrar que um antivírus não pode proteger contra todas as ameaças. É preciso ter cuidado ao navegar na internet, não clicar em links suspeitos e não baixar arquivos de fontes não confiáveis. Além disso, deve-se manter o antivírus atualizado, pois as ameaças estão sempre evoluindo e os fabricantes de antivírus atualizam seus programas para lidar com essas novidades.

Antispyware

O antispyware é um tipo de programa de computador que ajuda a proteger o sistema contra spyware, um tipo de malware que se instala no sistema sem o conhecimento do usuário e coleta informações sobre ele. O spyware pode ser usado para monitorar o comportamento do usuário na internet, coletar informações pessoais e até mesmo controlar o sistema à distância. Alguns hackers utilizam spywares para descobrir contas e senhas de acesso a bancos.

O antispyware funciona escaneando o sistema em busca de qualquer atividade suspeita e, se encontrar algo, toma medidas para remover ou neutralizar o spyware. Alguns antispywares também oferecem proteção em tempo real, o que significa que eles monitoram o sistema continuamente e bloqueiam qualquer spyware assim que ele é detectado.

Senhas seguras

O que a maioria dos hackers deseja é descobrir senhas; do outro lado, o que mais queremos é que jamais descubram a nossa. Por isso é fundamental utilizar senhas longas – é recomendável usar pelo menos 12 caracteres, pois quanto maior a sequência de caracteres, mais segura a senha será. Uma possibilidade é criar uma frase ou usar um pequeno trecho de algum livro.

Também é interessante utilizar letras, números e símbolos: isso aumenta a segurança da senha, pois aumenta também o número de combinações possíveis, dificultando a vida dos hackers ao utilizarem dicionários prontos para descobrir senhas.

Deve-se evitar palavras óbvias ou informações pessoais, como nomes de familiares, data de nascimento, número de RG ou CPF, endereço, entre outras. Esses dados podem ser facilmente descobertos por atacantes e provavelmente serão os primeiros a serem testados em um ataque.

Procure também usar senhas diferentes para cada conta que você tenha, pois, se uma de suas senhas for comprometida, isso não afetará as outras e você não terá um tremendo trabalho para refazer todas as senhas, acessando cada um dos sites vazados.

DICA

Uma possibilidade é utilizar um gerenciador de senhas, um aplicativo que cria e armazena senhas seguras, de modo que você não precisa se lembrar de todas elas. Isso também ajuda a evitar a reutilização de senhas.

Criptografia

Criptografia é um conjunto de técnicas utilizadas para proteger a privacidade e a segurança de informações, comunicando-as de maneira segura. Ela é amplamente utilizada em vários campos, incluindo a comunicação on-line, o armazenamento de dados e o pagamento eletrônico.

Na criptografia, as informações são convertidas em um código que só pode ser lido por pessoas que possuem a chave correta para descriptografar, exatamente o mesmo código criado para encriptar a mensagem. Dessa forma, mesmo que alguém intercepte as informações enquanto elas estão sendo transmitidas ou armazenadas, essa pessoa não será capaz de entendê-las sem a chave. Ou pode ser que demore anos até descobrir a chave e descriptografar a mensagem.

A criptografia de chave pública é um método de criptografia que utiliza um par de chaves diferentes para codificar e decodificar informações. Diferentemente da criptografia simétrica, em que a mesma chave é usada para codificar e decodificar dados, a criptografia de chave pública utiliza uma chave pública e uma chave privada. A chave pública pode ser compartilhada com qualquer pessoa e é usada para codificar a informação, enquanto a chave privada é mantida em segredo e é usada para decodificar a informação. Isso significa que qualquer pessoa pode enviar uma mensagem criptografada para outra pessoa usando a chave pública dela, mas apenas a pessoa que possui a chave privada correspondente pode decodificar e ler a mensagem. Essa abordagem é frequentemente usada em sistemas de segurança de rede, como a criptografia de e-mails, na proteção de dados de cartões de crédito e na autenticação de usuário em serviços on-line. O algoritmo mais comum de criptografia de chave pública é o RSA (Rivest-Shamir-Adleman).

Na imagem a seguir, temos um esquema de como funciona a criptografia. Primeiro o autor cria o texto que não deve ser visto por ninguém, apenas pelo destinatário da mensagem. Após a criação do texto, o autor abre um software de criptografia e cria uma chave privada, que é a senha para o destinatário abrir a mensagem e descriptografá-la. Depois, envia uma chave pública junto à mensagem. Por algum outro meio, como o celular, por exemplo, o autor diz qual a palavra da criptografia e depois o destinatário utiliza essa mesma chave para ler e entender a mensagem que acabou de receber.

Figura 5.3 – Criptografia de uma mensagem.

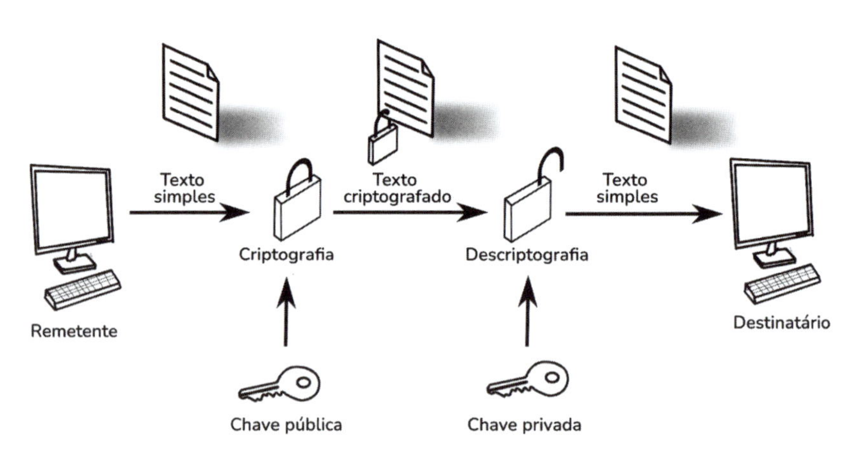

No processo de criptografar uma mensagem, as chaves pública e privada são essenciais, pois delas depende o acesso do destinatário à mensagem.

A criptografia é um importante instrumento para garantir a segurança e a privacidade em um mundo cada vez mais conectado.

VPN

Uma rede privada virtual (virtual private network, ou VPN) é um serviço que cria uma conexão segura (também chamada de tunelamento) entre um dispositivo e a internet. Ela é usada para proteger a privacidade e a segurança dos usuários on-line, permitindo que eles se conectem a sites e serviços de maneira segura, mesmo em redes públicas ou não confiáveis.

Figura 5.4 – Funcionamento de uma VPN.

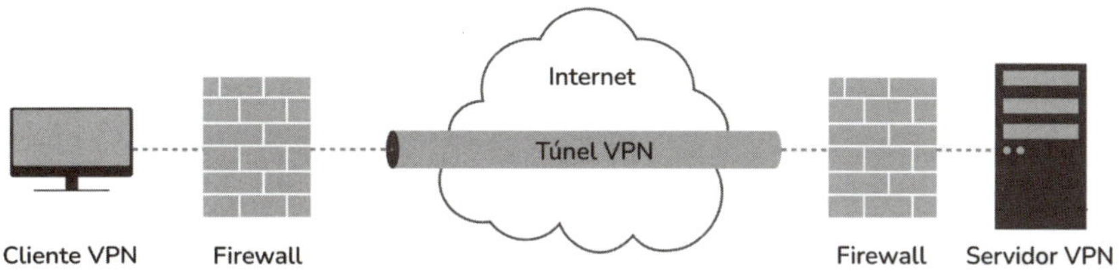

Neste esquema vemos a comunicação de um cliente, fora da empresa, com o servidor, dentro da empresa. Para melhorar a segurança e evitar ciberataques, ainda existe um firewall nas duas pontas.

Quando você se conecta a uma VPN, todo o tráfego da internet é encaminhado através de um servidor seguro da VPN, que criptografa as informações e oculta o endereço de IP do seu dispositivo. Isso torna mais difícil para terceiros rastrearem sua atividade on-line ou descobrirem sua localização.

Para usar uma VPN, você precisa se inscrever em um serviço e baixar um aplicativo em seu dispositivo. Depois disso, basta abrir o aplicativo e se conectar a um dos servidores da VPN. A partir daí, todo o tráfego da internet será encaminhado através da VPN, com segurança e privacidade.

Browser privado

Os navegadores privados são uma opção de navegação na internet que fornece um nível adicional de privacidade e segurança em comparação com os navegadores tradicionais. Quando você utiliza um navegador privado, seu histórico de navegação, cookies e outros dados de navegação não são armazenados no seu dispositivo. Isso significa que outras pessoas que tenham acesso ao seu dispositivo não serão capazes de ver o que você pesquisou ou em quais sites você esteve.

Alguns navegadores privados também oferecem outras características de segurança, como criptografia de tráfego de internet, bloqueio de rastreamento de terceiros e proteção contra malware e phishing durante a navegação.

IMPORTANTE

Vale lembrar que os navegadores privados não são uma solução de privacidade e segurança perfeita. Se você estiver acessando a internet por meio de uma rede compartilhada, como em um café ou um aeroporto, outras pessoas na mesma rede ainda poderão ver o que você está fazendo. Além disso, os sites que você visita ainda podem rastrear o seu comportamento e coletar dados, independentemente de você estar usando um navegador privado ou não.

Backup e restauração

O backup e a restauração de dados são processos essenciais para garantir a segurança. Eles são especialmente importantes se você tiver arquivos ou informações que não podem ser facilmente recriados. Quando fazemos o backup de nossos dados, garantimos uma proteção contra a perda: se você perdê-los devido a um problema no disco rígido ou a um vírus, por exemplo, ou por qualquer outra razão, um backup recente pode ser usado para restaurar esses dados rapidamente, o que pode ajudar inclusive a minimizar o tempo de inatividade e a interrupção no trabalho.

DICA

Armazenar cópias dos dados em mais de um lugar, como em um disco rígido externo ou em uma nuvem, pode fornecer uma camada extra de segurança. Se um dos seus dispositivos de armazenamento falhar, você ainda terá acesso aos seus dados. Caso você adquira um novo computador ou dispositivo, também pode usar um backup para transferir seus dados e arquivos para esse novo dispositivo de forma rápida e fácil.

FIQUE DE OLHO

Redes sociais

Atualmente, a maioria das pessoas usa com bastante frequência as redes sociais. O que muitas vezes parece algo comum e prazeroso, no entanto, pode ser a porta de entrada de muitos problemas.

Uma das principais preocupações é a privacidade. Quando usamos essas redes, compartilhamos informações com um amplo público, que acaba tendo acesso à nossa localização, interesses, relacionamentos e fotos pessoais. A grande questão é que esse público pode incluir tanto amigos e seguidores quanto visitantes indesejados. Assim, se as configurações de privacidade não forem ajustadas apropriadamente, essas informações podem ser acessadas por estranhos mal-intencionados, o que pode levar a problemas de segurança, como spam, phishing e até mesmo cyberbullying.

Outra preocupação é o uso excessivo das redes sociais. Passar muito tempo conectado a elas pode resultar em uma relação de certa dependência e acabar afetando negativamente nossa vida pessoal e profissional. Além disso, tem sido cada vez mais comum que problemas de saúde mental, como ansiedade e depressão, estejam associados ao uso que se faz dessas ferramentas.

Figura 5.5 – Mídias sociais.

As redes sociais estão hoje em quase tudo. Por isso mesmo é preciso estar muito atento ao tipo de informação que compartilhamos nelas.

PRÁTICAS DE SEGURANÇA CIBERNÉTICA

Para melhorar a segurança da informação em computadores, notebooks ou qualquer dispositivo que acesse a internet, pode-se contar com softwares como firewalls, VPN e antispywares, entre outros tipos que podem ser explorados e ajudar na proteção dos dados. A seguir, vamos conhecer alguns.

Windows Defender Firewall

Windows Defender Firewall é um firewall incluído no sistema operacional Windows e que tem como objetivo proteger o computador contra ataques de rede não autorizados, bloqueando o tráfego de rede indesejado e permitindo somente o tráfego de rede autorizado. Ele faz isso controlando as conexões de rede que entram e saem, comparando-as com regras de segurança configuradas pelo usuário ou pelo administrador do sistema.

O Windows Defender Firewall possui vários recursos, incluindo:

- Controle de aplicativo: possibilita que você configure regras específicas para aplicativos específicos, permitindo ou bloqueando o tráfego de rede para esses aplicativos.
- Notificações de segurança: avisam ao usuário quando um aplicativo tenta acessar a rede e pedem permissão para permitir ou bloquear a conexão.
- Configurações avançadas: possibilitam que o administrador configure regras de segurança mais avançadas, como regras baseadas em endereços de IP ou protocolos de rede específicos.

Para acessar o programa, digite ***Windows Defender Firewall*** no menu ***Iniciar*** do Windows. Ao clicar no programa, a seguinte tela será aberta:

Figura 5.6 – Tela inicial do Windows Defender Firewall.

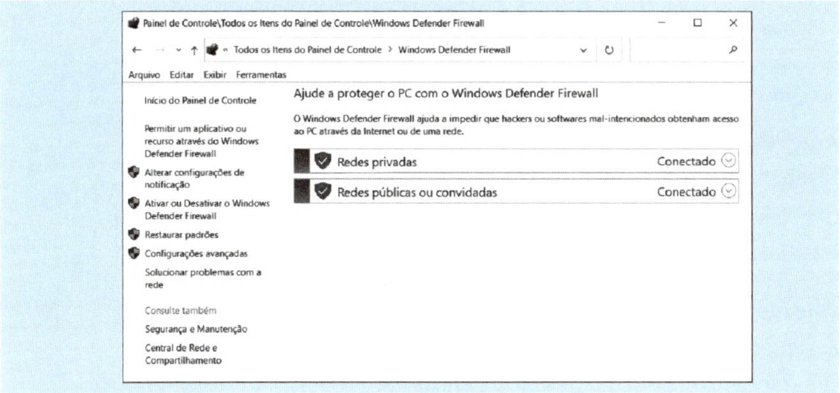

Como melhorar a configuração do firewall do Windows.

Selecionando ***Configurações avançadas***, será apresentada uma tela com as opções de especificar um domínio de acesso para sair da internet, bloquear um site na entrada da internet e demais configurações de porta dentro dos protocolos que você deseja.

Figura 5.7 – Configuração do Windows Defender Firewall.

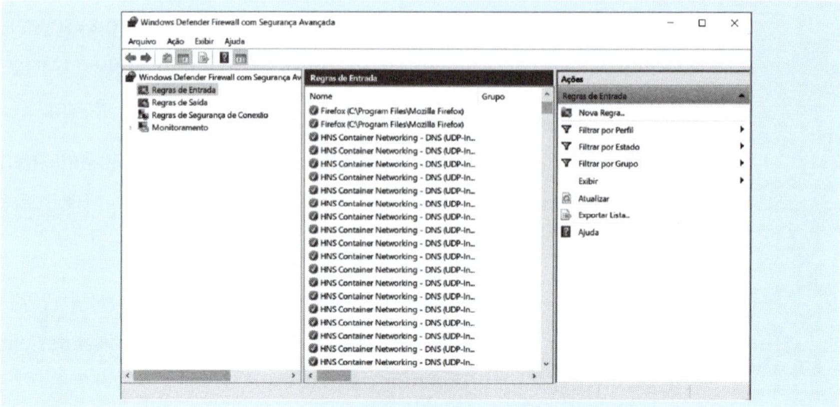

Ao acessar o firewall do Windows, você pode ajustar as configurações de acordo com suas necessidades de segurança.

IMPORTANTE

Antes de realizar qualquer alteração, é importante criar um ponto de restauração da máquina virtual, pois qualquer parâmetro alterado que o Windows não consiga definir e acabe gerando algum erro pode travar a máquina virtual e torná-la inoperante.

Vale ressaltar que o Windows Defender é habilitado por padrão, mas pode ser desativado ou configurado para atender às necessidades de segurança do usuário ou de sua organização.

Radmin VPN

Radmin VPN é um software de VPN gratuito desenvolvido pela Famatech. Ele possibilita que você crie uma rede privada virtual entre computadores e, assim, que os usuários acessem arquivos e aplicativos em outros computadores remotamente. Ele é especialmente útil para o usuário acessar computadores na rede local quando está em outro lugar ou para conectar-se a uma rede de escritório de forma segura a partir de casa.

Algumas características do Radmin VPN incluem:

- Criação fácil de VPN: o software permite que você crie uma VPN com apenas alguns cliques.
- Suporte para vários usuários: o software permite que vários usuários se conectem à VPN ao mesmo tempo.
- Conexão segura: o uso de protocolos de criptografia garante que as informações transmitidas através da VPN sejam seguras.
- Compatibilidade com Windows: o Radmin VPN é compatível com Windows e também funciona em outros sistemas operacionais compatíveis com o protocolo VPN.
- Conectividade P2P direta: o software permite conectar diretamente computadores sem precisar de qualquer configuração de roteamento ou firewall adicional.

Para baixar o Radmin VPN, basta acessar o link oficial do produto: https://www.radmin-vpn.com/br/ (acesso em: 1 mar. 2023). Após o download, faça a instalação.

Realizada a instalação, na tela principal do Radmin VPN, vamos criar uma rede VPN particular. O ideal é que o software também seja instalado em outros equipamentos em rede para que possamos analisar o seu funcionamento.

Figura 5.8 – Tela inicial do Radmin VPN.

Na tela de apresentação do Radmin VPN, você verá o nome do seu computador e as opções de criar ou entrar em uma rede VPN.

Para configurar uma nova rede, clique em ***Criar rede***. Dê um nome para sua rede e depois crie uma senha.

Figura 5.9 – Configuração de uma rede no Radmin VPN.

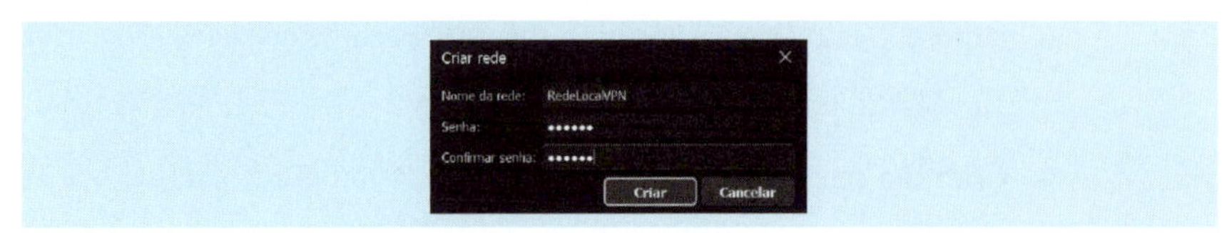

O nome da rede e a senha criada servirão para que outro computador possa acessar a VPN.

Para outro computador acessar essa nova rede, basta copiar o nome da rede, instalar o Radmin VPN neste outro computador e logar com a senha criada. Nesse caso, teremos uma comunicação criptografada nessa nova VPN.

Navegador privado

Para navegar de maneira privada, sem espionagem ou até mesmo rastreamento, podemos fazer o download de um navegador que tenha essas características. Realizando uma busca no Google, vamos encontrar vários. Nossa sugestão é o Brave, que você pode baixar no link: https://brave.com/pt-br/ (acesso em: 1 mar. 2023).

Figura 5.10 – Tela inicial do Brave.

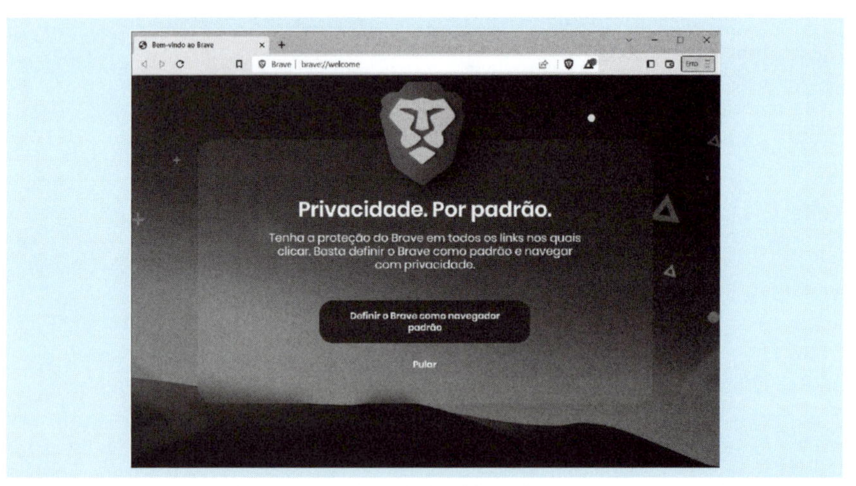

Lançado em 2016, o Brave é um navegador web de código aberto que tem ganhado popularidade devido a suas características de segurança e privacidade.

Algumas das características mais importantes do Brave incluem:

- Bloqueio de anúncios e rastreadores: o navegador bloqueia automaticamente anúncios e rastreadores de terceiros, o que pode melhorar a velocidade de carregamento das páginas e proteger sua privacidade.
- Navegação privada: o Brave oferece uma opção de navegação privada, que permite que você navegue na web sem deixar rastros no seu computador ou dispositivo móvel.
- Integração com o sistema de recompensas BAT (basic attention token): essa integração permite que os usuários ganhem tokens BAT assistindo a anúncios opt-in[1] e os usem para recompensar sites e criadores de conteúdo, uma funcionalidade única e inovadora.
- Suporte para extensões: o Brave suporta extensões do Chrome e do Firefox, permitindo que os usuários personalizem sua experiência de navegação com ferramentas adicionais.
- Compatibilidade com o padrão web: o Brave é compatível com os principais padrões web, incluindo HTML, CSS e JavaScript, além de ser compatível com a maioria dos sites e aplicativos web.

1 Opt-in pode ser definida como a autorização que um usuário dá para receber algum conteúdo. Anúncios opt-in são o tipo de anúncio ou mensagem que chega a um usuário se ele aceitou receber aquele conteúdo e se cadastrou para isso.

ARREMATANDO AS IDEIAS

Neste capítulo conhecemos muitas maneiras de proteger informações em um computador, notebook ou dispositivo móvel. A seguir resumimos em uma lista alguns procedimentos que podemos adotar para proteger nossos dados:

- Usar senhas fortes e únicas: certifique-se de usar senhas fortes e únicas para todas as suas contas e para acessar o seu computador. As senhas devem ter pelo menos 12 caracteres e misturar letras, números e símbolos; uma sugestão é que sejam frases ou partes de uma citação de filme ou livro.
- Ativar o login por senha: configure o seu computador para pedir a senha sempre que for ligado ou sair do modo de espera (pode-se configurar no Windows o tempo de espera mínimo para bloquear o computador). Dessa forma, mesmo que alguém tenha acesso físico ao seu computador, não será possível acessar as suas informações sem a sua senha.
- Usar um excelente antivírus: instale um software de segurança no seu computador para proteger contra vírus, malwares e outros tipos de ameaças. Certifique-se de manter o software atualizado para garantir a proteção mais recente.
- Criptografar seus dados: criptografia é o processo de codificar informações para que elas só possam ser lidas por pessoas que possuam a chave de decodificação. Você pode criptografar arquivos ou discos inteiros em seu computador para proteger seus dados.
- Fazer backups: realize backups regulares dos seus dados para um disco externo ou nuvem, de forma que você possa recuperá-los em caso de falha do disco rígido ou qualquer outro problema, como queima do equipamento. Isso também é útil no caso

de seus dados serem apagados, corrompidos ou atacados por um ransomware ou outras ameaças.

- Não compartilhar suas informações pessoais on-line: seja cauteloso com suas informações pessoais, como seu nome completo, endereço, número de telefone ou data de nascimento. Certifique-se de que as suas configurações de privacidade nas redes sociais e em outros sites estejam definidas para que essas informações sejam compartilhadas apenas com pessoas de sua confiança.
- Usar uma VPN: uma rede virtual privada cria uma conexão segura e criptografada entre o seu computador e um servidor remoto ou qualquer outro equipamento, o que pode ajudar a proteger suas informações enquanto você estiver on-line. Isso pode ser útil quando estiver usando uma rede wi-fi pública ou não confiável.
- Não clicar em links suspeitos: seja cauteloso ao clicar em links, anexos de e-mails de remetentes desconhecidos ou mensagens recebidas pelo celular. Estes são métodos comuns utilizados por criminosos cibernéticos para instalar malwares ou backdoors no seu computador.
- Desabilitar o compartilhamento de arquivos: se não precisar compartilhar arquivos com outros usuários em sua rede, desabilite a opção de compartilhamento de arquivos no seu computador. Isso pode ajudar a proteger suas informações de acesso não autorizado.
- Mantenha seu sistema operacional atualizado: os patches de atualizações de segurança para o sistema operacional sempre são lançados com regularidade para corrigir vulnerabilidades conhecidas e proteger contra novas ameaças. Certifique-se de manter o seu sistema operacional atualizado para ter a melhor proteção possível.

CAPÍTULO 6

Práticas de segurança cibernética

Em que você pensa quando pensa em segurança?

Segundo o *Dicionário Houaiss da Língua Portuguesa*, segurança é "estado, qualidade ou condição de uma pessoa ou coisa que está livre de perigos, de incertezas, assegurada de danos e riscos eventuais" (Segurança, [*s. d.*]). Ao longo deste livro, nos referimos a estar livre de eventuais perigos e riscos sempre no ambiente da internet, isto é, tratamos da segurança cibernética, que é a prática de proteger diversos dispositivos pessoais e profissionais, como celulares, notebooks, computadores, servidores, além de sistemas de rede, contra ameaças cibernéticas: vírus, malwares, ataques de phishing, roubos de dados, entre outras. Em um mundo cada vez mais conectado, onde os dispositivos e sistemas são frequentemente alvos de ataques, a segurança cibernética é uma área crucial.

Neste capítulo apresentaremos fundamentos da segurança cibernética e mais práticas que podem ser adotadas para diminuir os riscos de perda de informações e de invasões, visando sempre evitar que nossas atividades na internet tragam problemas.

RISCOS CIBERNÉTICOS

A prática de segurança cibernética tem ligação direta com os riscos a que estão sujeitos um usuário ou uma empresa ao usar dispositivos de TI. Os chamados riscos cibernéticos são as ameaças que podem afetar a segurança de dispositivos, sistemas de rede e informações confidenciais e trazer transtornos para seus proprietários.

Esses riscos podem assumir várias formas. Uma já bastante conhecida são os vírus, programas ou softwares maliciosos que se espalham de um dispositivo para outro e podem danificar, roubar ou sequestrar dados. Há também os malwares, termo geral que se refere a qualquer tipo de software malicioso, incluindo vírus, cavalo de Troia, worms e ransomwares, usado para danificar sistemas, roubar dados e realizar ataques cibernéticos.

Outro risco é o phishing, que visa obter informações confidenciais, como senhas e números de cartão de crédito, normalmente por meio de links enviados por e-mails ou mensagens de texto falsas, mas que parecem ser de fontes confiáveis. Basta um descuido e pronto: você caiu em um ataque hacker.

Há ainda os ataques de negação de serviço, também conhecidos pela sigla DoS (denial-of-service), normalmente os mais comuns, que visam sobrecarregar um site, computador ou servidor com tráfego falso, tornando-o inacessível para os usuários legítimos. Às vezes os hackers se unem para realizar esse tipo de ofensiva.

As consequências de ataques cibernéticos podem ser sérias, como perda de dados, danos a sistemas, prejuízos financeiros, extorsão (mediante pedido de moedas digitais, por exemplo) e roubo de informações confidenciais. Por isso é tão importante adotar as medidas adequadas de segurança para se proteger contra essas ameaças e minimizar os riscos. A seguir, vamos conhecer mais algumas práticas de proteção.

ALGUNS FUNDAMENTOS DA SEGURANÇA CIBERNÉTICA

Atualização de sistemas operacionais

As atualizações de softwares ou de sistemas operacionais são lançadas com regularidade pelos desenvolvedores para garantir que seus produtos continuem funcionando de forma eficiente e segura.

Essas atualizações podem incluir: correções para problemas conhecidos, como erros ou falhas no programa, o que ajuda a garantir que o software continue funcionando de forma estável; a adição de novas funcionalidades ou melhorias, o que normalmente torna o software mais rápido, poderoso e útil; ou a correção de falhas de vulnerabilidades, o que ajuda a proteger o software e os dados dos usuários contra ameaças cibernéticas.

Sistemas de segurança móveis

Os sistemas móveis são tão vulneráveis a ataques quanto os de computadores e servidores das empresas. Com o aumento das vendas dos dispositivos móveis e sua popularização, as pessoas acabam usando esses recursos como uma extensão dos computadores. Muitos os utilizam não só para o lazer, mas também para o trabalho.

Existem diversas medidas que podemos tomar para garantir a segurança de dispositivos móveis. Muitas dessas medidas já são do seu conhecimento – por exemplo, utilizar senhas fortes e únicas para cada dispositivo e serviço on-line e ativar a verificação em duas etapas, que exige a inserção de um código enviado por SMS ou gerado por um aplicativo de autenticação para fazer login em suas contas.

Instalar um software de segurança em seu dispositivo móvel, como um antivírus ou firewall, também é muito importante. Há quem ache que esse tipo de sistema só funciona em computadores e servidores, porém isso não é verdade. Da mesma forma, também é preciso ficar atento a links suspeitos e aplicativos duvidosos, especialmente ao baixar conteúdo ou instalar programas de lojas suspeitas.

Configurar o dispositivo para exigir uma senha ou padrão de desbloqueio antes de ser acessado ou, ainda, cadastrar a biometria facial ou digital para desbloqueio, caso esse recurso esteja disponível, garante que só você possa desbloquear o aparelho. Também ajuda na segurança desativar o compartilhamento de dados e a conexão com redes wi-fi públicas desconhecidas.

Figura 6.1 – Bloqueio de tela do celular.

O desbloqueio com login e senha ou biometria para acessar o celular é uma medida simples e que ajuda a garantir a segurança de seus dados.

Como já mencionado, também é recomendável atualizar o sistema operacional e os aplicativos do dispositivo regularmente, pois essas atualizações geralmente incluem correções de vulnerabilidades de segurança. E, assim como nos computadores pessoais e de empresas, outra prática que não deve ser esquecida em hipótese alguma é o backup dos dados importantes, como fotos e arquivos, para que eles possam ser recuperados em caso de perda ou dano do dispositivo.

Autenticação de dois fatores

A autenticação de dois fatores é um método de verificação de identidade bastante utilizado para acesso a bancos e também em grandes empresas. Esse método exige a apresentação de duas diferentes informações de autenticação para confirmar a identidade de uma pessoa. Ele é usado para adicionar uma camada extra de segurança e proteger contra acessos não autorizados.

Existem várias maneiras de implementar a autenticação de dois fatores. Listamos algumas das mais comuns a seguir:

- SMS: um código de verificação é enviado por mensagem de texto para o número de telefone cadastrado. A pessoa precisa inserir o código para completar a autenticação.
- Aplicativo de autenticação: um aplicativo instalado no dispositivo móvel gera códigos de verificação. Quando a autenticação é necessária, a pessoa insere o código gerado pelo aplicativo para completar a autenticação.
- Token de hardware: um dispositivo físico, como um token USB ou um teclado com um display, gera códigos de verificação. Quando a autenticação é necessária, a pessoa insere o código gerado para completar a autenticação.
- Autenticação biométrica: uma característica única de seu corpo, como uma impressão digital ou reconhecimento de voz, autentica a identidade.

Figura 6.2 – Autenticação de dois fatores.

A autenticação de dois fatores é uma espécie de reforço de segurança na hora de logar em suas contas. Isso porque ela exige não apenas sua senha, mas também uma segunda informação de autenticação para permitir acesso.

Biometria

Biometria é o estudo de características únicas do corpo humano que podem ser usadas para autenticar a identidade de uma pessoa. Essas características podem servir para acessar sistemas, abrir cofres ou controlar o acesso físico a determinados locais dentro de uma empresa.

Existem vários tipos de biometria que podem ser utilizados. As impressões digitais, por exemplo, são padrões únicos de linhas e curvas encontrados nas pontas dos dedos. Elas são amplamente utilizadas como método de autenticação, pois são difíceis de serem falsificadas e são estáveis ao longo do tempo.

Já o reconhecimento de voz usa as características únicas da voz de uma pessoa para autenticar sua identidade. Ele pode ser usado para desbloquear dispositivos ou acessar contas protegidas por senha.

Existe também o reconhecimento facial, que usa as características únicas do rosto de uma pessoa, como a distância entre os olhos e o formato do nariz, para fazer autenticações. Ele também pode ser usado para os mesmos fins.

Um último exemplo de biometria é a utilização da íris[1] de uma pessoa para autenticar sua identidade. Este é considerado um dos métodos mais precisos, pois o padrão da íris é muito difícil de ser falsificado.

Figura 6.3 – Exemplo de uso da biometria digital.

Um dos usos da biometria digital é o controle de acesso.

Softwares para segurança cibernética

Ao longo dessa jornada de conhecimento sobre os riscos de ter dados roubados ou vazados ou até mesmo de ter perdas financeiras em razão de ataques cibernéticos, tudo o que foi apresentado do ponto de vista prático está relacionado aos softwares que podem ajudar a proteger contra invasões.

No entanto, antes de sair instalando e testando vários tipos de softwares de segurança, é importante saber que o método que vem em primeiro lugar é o

1 Parte colorida do olho.

backup. A possibilidade de recuperar seus dados em qualquer computador, de qualquer lugar, é a melhor forma de evitar a maioria dos malwares, pois, caso você seja atacado por um ransomware, o ideal é formatar todo o seu equipamento e restaurar os dados. Isso já basta – não seria preciso ceder a golpes de extorsão nem comprar moeda digital e entregar aos criminosos para obter seus dados de volta.

Ter um bom antivírus, firewall, senhas fortes ou softwares gerenciadores de senhas, além de cautela com as informações que você ou sua empresa disponibiliza na internet, é o passo que vem depois para navegar tranquilo e diminuir os riscos de ser atacado ou ter os dados sequestrados.

DICA

Se você tiver algum dinheiro disponível para investimento em segurança computacional, adquirir um antivírus, um antispyware e um sistema de backup já melhora muito suas chances de não ser atacado. Não se esqueça também de outras ferramentas, como VPN para enviar informações confidenciais, browsers anônimos para navegação e softwares de criptografia. Todas essas precauções ajudam muito.

MAIS PRÁTICAS DE SEGURANÇA CIBERNÉTICA

Ponto de restauração do Windows

Antes de realizar alguma alteração no Windows, como a atualização do sistema ou a instalação de um novo software ou driver, é importante definirmos um ponto de restauração. Um ponto de restauração é uma imagem do estado do sistema em um momento específico, que pode ser usada para reverter as alterações feitas no sistema desde então. Isso inclui atualizações de software, instalações e desinstalações de programas e alterações nas configurações do sistema. Os pontos de restauração podem ser criados automaticamente pelo Windows, em intervalos regulares, ou manualmente pelo usuário. Eles são usados para corrigir problemas no sistema ou para desfazer alterações que causaram problemas.

Para criar um ponto de restauração, digite ***Ponto de restauração*** no menu do Windows e clique em ***Criar ponto de restauração***. Na tela inicial, clique em ***Criar***. Em seguida, especifique um nome ou descrição para esse ponto, para que você possa identificá-lo no futuro. Embora o sistema já atribua automaticamente ao ponto de restauração a data e o horário em que ele está sendo criado, algo que você pode fazer é usar esses dados também para nomeá-lo, pois assim você tem uma ideia imediata de quando realizou essa tarefa.

IMPORTANTE

Não podemos esquecer que, se o ponto de restauração for antigo, todos os arquivos alterados e gravados e os softwares instalados após essa data serão perdidos. Por isso é fundamental que pelo menos uma vez por semana você crie um novo ponto.

Figura 6.4 – Criando um ponto de restauração no Windows.

Criar um ponto de restauração do Windows é uma forma de garantir que um problema ocorrido em algum processo que você tentou executar não vai comprometer seus arquivos.

Para realizar a restauração, basta clicar em ***Restauração do Sistema***, na mesma tela, e escolher um ponto para restaurar.

Hardening do Windows

Hardening do Windows é o processo de aumentar a segurança do sistema operacional, geralmente através da implementação de políticas e configurações de segurança adicionais. Isso inclui, mas não se limita a, configurar senhas fortes, desativar contas de usuário desnecessárias, desativar recursos desnecessários, implementar políticas de segurança para o firewall, atualizar softwares regularmente, monitorar o sistema, entre outras ações. O objetivo é tornar o sistema mais difícil de ser invadido ou comprometido por ameaças externas.

Uma das primeiras alterações no hardening pode ser feita nas permissões dos arquivos do sistema e dos usuários. Para verificar a configuração do seu computador, acesse o Windows Explorer e clique com o botão direito no C:; depois, clique em ***Propriedades*** e escolha a aba ***Segurança***, conforme mostra a figura a seguir.

Figura 6.5 – Alterar permissões.

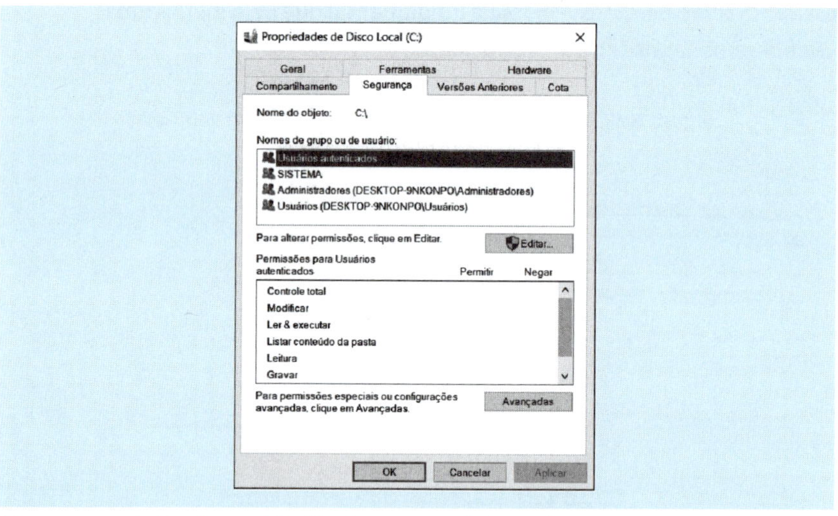

Alterar as permissões dos usuários já existentes e excluir aqueles que não são mais usados permite maior controle dos acessos.

Verifique se há algum usuário que não faça mais parte da conta. Se sim, exclua-o. Você também pode criar um usuário fictício e depois alterar as permissões dele para fazer a configuração de segurança conforme suas necessidades.

Outro ponto crítico da segurança do Windows é a atualização do sistema. É fundamental que ela seja realizada toda semana. Para isso, acesse o menu ***Iniciar***, clique em ***Configurações*** e depois em ***Windows Update***. No nosso exemplo, como mostra a figura seguinte, note que ficamos quase sete dias sem mexer na máquina virtual e já existe atualização disponível. Se este também for o seu caso, clique em ***Baixar*** e aguarde a atualização e instalação.

Figura 6.6 – Realizar o Windows Update.

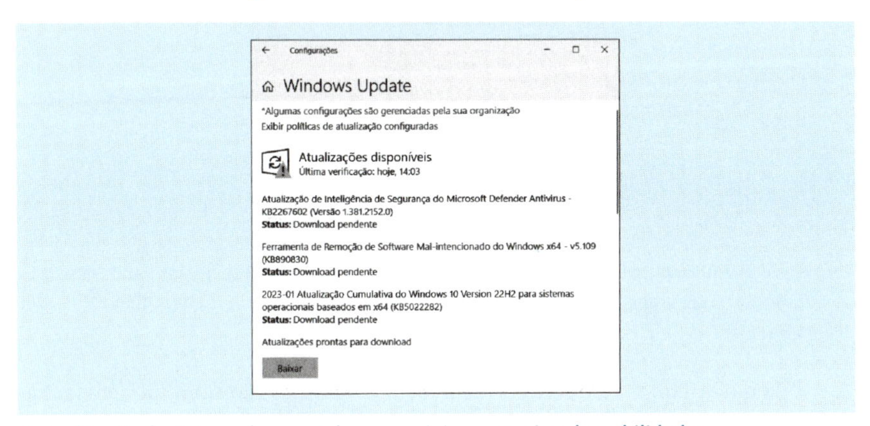

A atualização do sistema é essencial para corrigir eventuais vulnerabilidades.

Outra ação importante que podemos realizar no Windows é desativar recursos que são instalados por padrão pelo sistema, mas não são utilizados por nós. Para saber quais recursos você não está utilizando no momento, acesse o ***Painel de Controle***, depois clique em ***Programas***, ***Programas e Recursos*** e ***Ativar ou desativar recursos do Windows***.

Uma das opções que podemos desativar é o SMB Direct, um recurso do protocolo SMB (server message block) presente no Windows Server que permite o uso de interfaces de rede RDMA (remote direct memory access) para aumentar o desempenho de transferência de arquivos em redes locais. Como não precisamos acessar o nosso computador pessoal de dentro da empresa, não precisamos habilitar o servidor de acesso remoto do equipamento particular. O que podemos fazer é instalar o software cliente da empresa em que estamos trabalhando, assim conseguimos acessar o servidor remoto do nosso trabalho mantendo nosso computador seguro.

Figura 6.7 – Remover recursos do Windows.

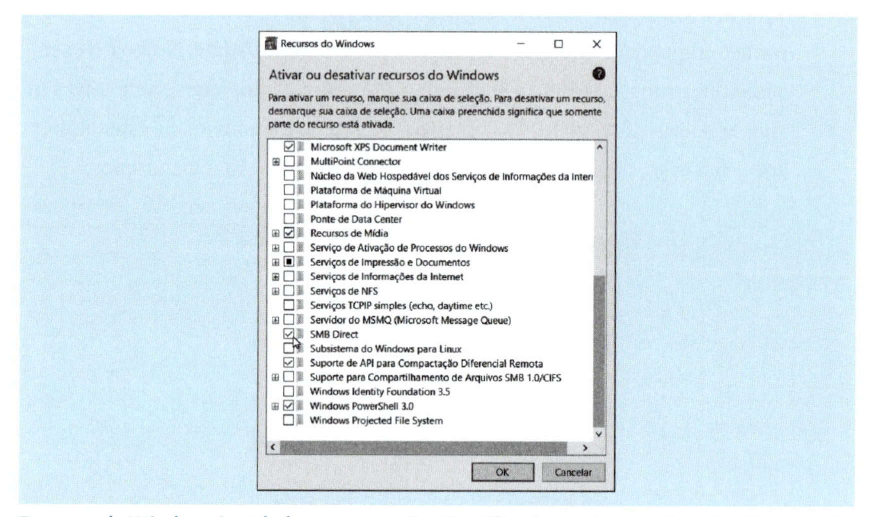

Recursos do Windows instalados mas que não são utilizados podem ser desativados. Isso ajuda a aumentar a segurança pois evita que o sistema esteja sujeito a eventuais vulnerabilidades desses recursos.

Já que estamos removendo recursos que não nos são úteis, podemos realizar a mesma tarefa com softwares. Quanto mais sistemas instalados, mais brechas de segurança eles podem nos proporcionar. Será que alguém consulta a lista de vulnerabilidades dos sistemas todas as semanas? É improvável que a resposta seja sim. Por isso, acessar o ***Painel de Controle*** e remover os softwares que não são utilizados também é uma recomendação de hardening do Windows.

Figura 6.8 – Remover softwares.

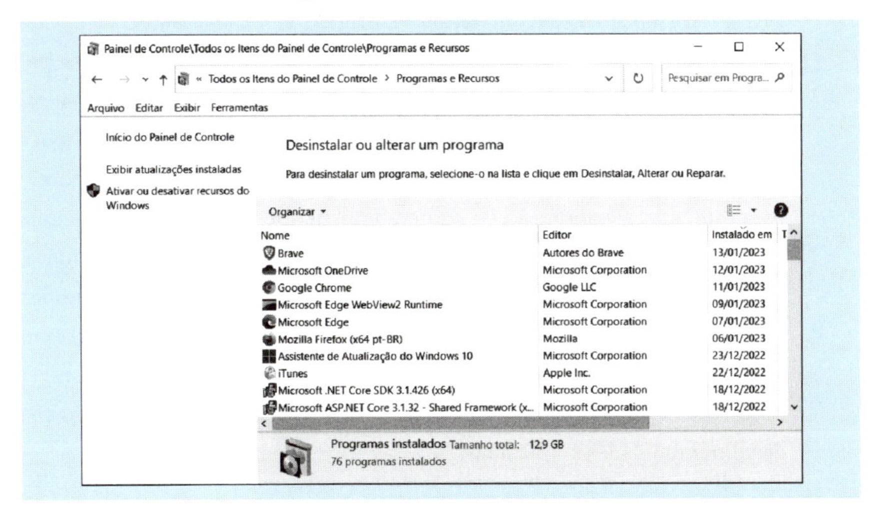

Será que faz sentido ter três ou quatro navegadores de internet? Assim como remover recursos, remover softwares desnecessários também é uma ação que se reverte em aumento da segurança.

Mais uma ação de hardening importante é acessar a tela de ***Segurança do Windows***, clicar em ***Segurança do dispositivo***, depois em ***Isolamento do núcleo*** e ***Detalhes do isolamento do núcleo*** e verificar se a opção ***Integridade da memória*** está ativa ou não. No nosso exemplo, não está ativa, e isso pode ser prejudicial, pois possibilita a entrada de malwares direto na memória do computador.

Figura 6.9 – Ativar a integridade da memória.

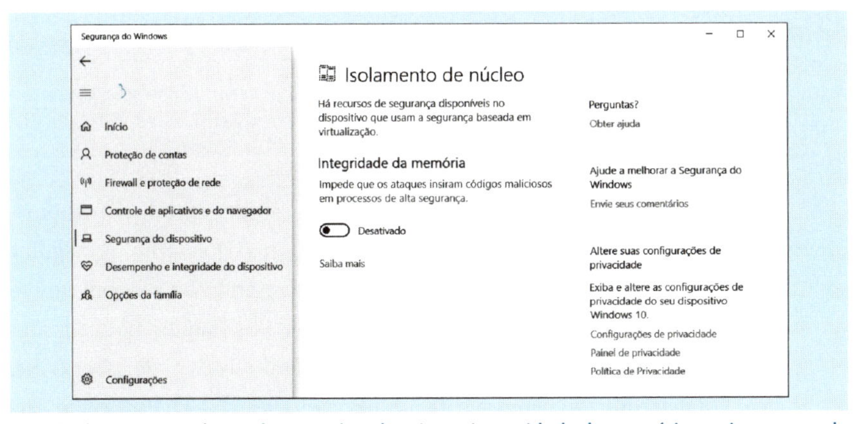

Na tela de *Segurança do Windows*, você pode ativar a integridade da memória e evitar a entrada de malwares.

Ainda dentro da ***Segurança do Windows***, em ***Controle de aplicativos e do navegador***, há a opção ***Exploit Protection***. Clicando em ***Configurações do Exploit Protection***, você pode verificar se há alguma configuração desativada por padrão. Em nosso exemplo, como mostra a figura a seguir, a opção ***Forçar aleatoriamente imagens (ASLR obrigatório)*** está desativada. ASLR (address space layout randomization) é uma técnica de segurança utilizada no Windows para dificultar a exploração de vulnerabilidades de softwares. Ela funciona randomizando a posição de diferentes elementos do sistema na memória, incluindo bibliotecas de sistema, pilha de aplicativos e heap. Isso significa que, a cada vez que um aplicativo é iniciado, sua memória é alocada em uma posição diferente, tornando muito mais difícil para os invasores prever onde encontrarão as vulnerabilidades e, portanto, dificultando a exploração de vulnerabilidades conhecidas.

Figura 6.10 – Configurar Exploit Protection.

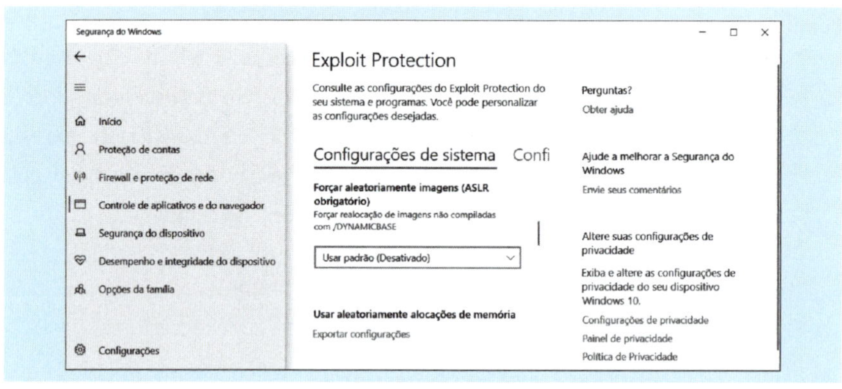

Ativar a realocação de imagens na memória nada mais é do que permitir que seja alterada a posição de alocação da memória quando da inicialização de um aplicativo. Isso dificulta que invasores prevejam onde estão as vulnerabilidades.

Algo que provavelmente você já conhece é a ação de reprodução automática, ativada quando inserimos, por exemplo, um HD externo em alguma saída USB. Você já pensou se esse equipamento inserido estiver com um vírus que é ativado pelo autoplay do Windows? Muitos ataques são realizados dessa maneira, principalmente pela curiosidade do usuário de saber o que tem em determinado pen drive, HD externo ou mesmo CD. Para evitar essa vulnerabilidade, desative a reprodução automática: no menu do Windows, digite ***Autoplay*** e dê ***Enter***. Em nosso exemplo, veja que tudo está ativado:

Figura 6.11 – Autoplay do Windows.

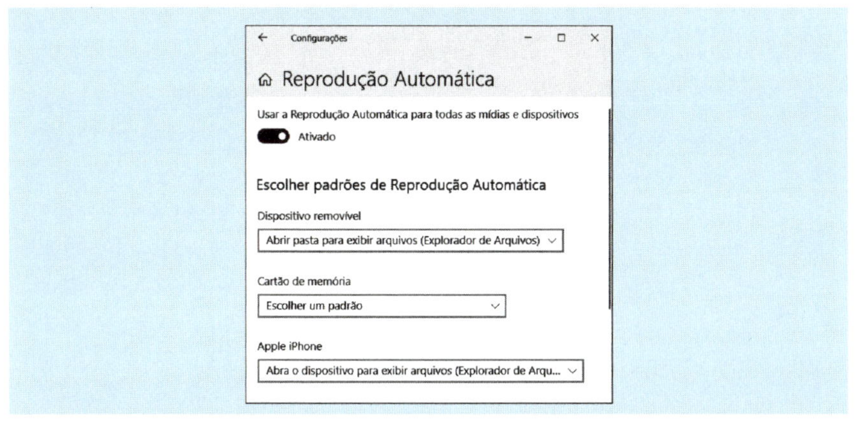

Fique de olho: as opções de reprodução automática são ativadas por padrão no Windows.

Se também for o seu caso, altere todas as opções conforme a figura a seguir e atualize.

Figura 6.12 – Desativar autoplay do Windows.

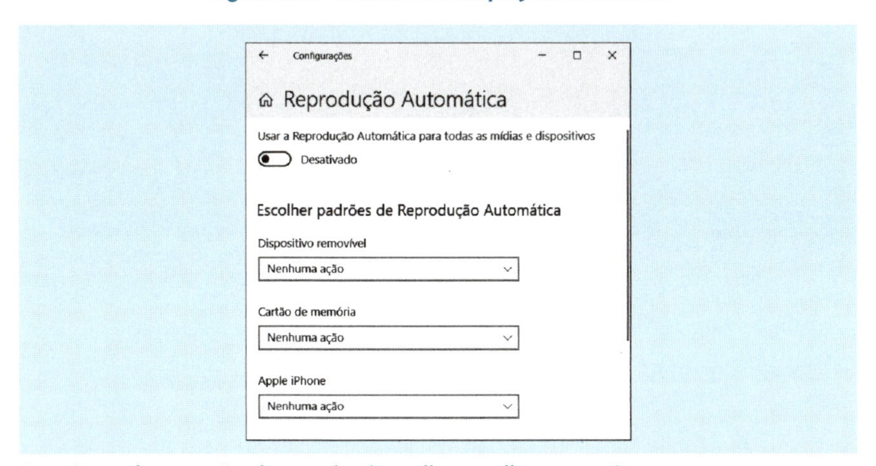

Desativar todas as opções do autoplay é a melhor escolha para maior segurança.

Uma última ação de hardening do Windows a ser explorada é a desativação do bluetooth. Ele pode ser ativado apenas quando for necessário; ter essa opção habilitada a todo momento pode ser um risco para a segurança.

ARREMATANDO AS IDEIAS

Neste capítulo aprendemos a utilizar algumas ferramentas e métodos de segurança que ajudam a proteger e garantir a privacidade, integridade e disponibilidade dos dados que são armazenados na maioria das mídias de TI. Isso é importante tanto em ambientes corporativos e governamentais quanto pessoais, pois uma violação de segurança pode ter consequências graves: a imagem de uma empresa, por exemplo, pode ser manchada de forma irreparável; já uma pessoa física pode sofrer danos financeiros e também morais.

Existem várias técnicas e ferramentas de segurança que podem ser aplicadas aos equipamentos. Não importa se o dispositivo é um computador, notebook ou celular – criptografia, firewalls, softwares antivírus e IDS são os recursos básicos que se espera que sejam utilizados depois de todo o nosso percurso pela área da segurança cibernética. É muito importante lembrar que a segurança de computadores não é feita de uma solução única e definitiva; ela requer um esforço contínuo, incluindo o treinamento dos usuários e a atualização frequente de sistemas e softwares.

Referências

(IN)SEGURANÇA digital no Brasil: quais são as maiores preocupações das empresas? **ESET**, c2023. Disponível em: https://www.eset.com/br/security-report/. Acesso em: 1 fev. 2023.

AGUILERA-FERNANDES, E. **Padrões, normas e política de segurança da informação**. São Paulo: Editora Senac São Paulo, 2019.

AGUILERA-FERNANDES, E. **Protocolos de redes**. São Paulo: Editora Senac São Paulo, 2020.

AGUILERA-FERNANDES, E. **Segurança em cloud e dispositivos wireless**. São Paulo: Editora Senac São Paulo, 2019.

BASTA, A.; BASTA, N.; BROWN, M. **Segurança de computadores e teste de invasão**. São Paulo: Cengage Learning, 2014.

BRASIL. **Decreto nº 10.356, de 20 de maio de 2020**. Dispõe sobre a política industrial para o setor de tecnologias da informação e comunicação. Brasília, DF, 2020. Disponível em: http://www.planalto.gov.br/ccivil_03/_ato2019-2022/2020/decreto/d10356.htm. Acesso em: 20 mar. 2023.

BRASIL. **Decreto-Lei nº 2.848, de 7 de dezembro de 1940**. Código Penal. Rio de Janeiro, 1940. Disponível em: http://www.planalto.gov.br/ccivil_03/decreto-lei/del2848compilado.htm. Acesso em: 28 dez. 2022.

BRASIL. **Lei nº 8.069, de 13 de julho de 1990**. Dispõe sobre o Estatuto da Criança e do Adolescente e dá outras providências. Brasília, DF, 1990. Disponível em: https://www.planalto.gov.br/ccivil_03/leis/l8069.htm. Acesso em: 28 dez. 2022.

BRASIL. **Lei nº 8.248, de 23 de outubro de 1991**. Dispõe sobre a capacitação e competitividade do setor de informática e automação, e dá outras providências. Brasília, DF, 1991. Disponível em: http://www.planalto.gov.br/ccivil_03/leis/l8248compilado.htm. Acesso em: 5 jan. 2023.

BRASIL. **Lei nº 11.829, de 25 de novembro de 2008**. Altera a Lei nº 8.069, de 13 de julho de 1990 – Estatuto da Criança e do Adolescente, para aprimorar o combate à produção, venda e distribuição de pornografia infantil, bem como criminalizar a aquisição e a posse de tal material e outras condutas relacionadas à pedofilia na internet. Brasília, DF, 2008. Disponível em: https://www.planalto.gov.br/ccivil_03/_ato2007-2010/2008/lei/l11829.htm. Acesso em: 20 mar. 2023.

BRASIL. **Lei nº 12.737, de 30 de novembro de 2012**. Dispõe sobre a tipificação criminal de delitos informáticos; altera o Decreto-Lei nº 2.848, de 7 de dezembro de 1940 – Código Penal; e dá outras providências. Brasília, DF, 2012. Disponível em: https://www.planalto.gov.br/ccivil_03/_ato2011-2014/2012/lei/l12737.htm. Acesso em: 5 jan. 2023.

BRASIL. **Lei nº 12.965, de 23 de abril de 2014**. Estabelece princípios, garantias, direitos e deveres para o uso da Internet no Brasil. Brasília, DF, 2014. Disponível em: https://www.planalto.gov.br/ccivil_03/_ato2011-2014/2014/lei/l12965.htm. Acesso em: 5 jan. 2023.

BRASIL. **Lei nº 13.709, de 14 de agosto de 2018**. Lei Geral de Proteção de Dados Pessoais (LGPD). Brasília, DF, 2018. Disponível em: https://www.planalto.gov.br/ccivil_03/_ato2015-2018/2018/lei/l13709.htm. Acesso em: 5 jan. 2023.

BRASIL. **Lei nº 13.969, de 26 de dezembro de 2019**. Dispõe sobre a política industrial para o setor de tecnologias da informação e comunicação e para o setor de semicondutores e altera a Lei nº 11.484, de 31 de maio de 2007, a Lei nº 8.248, de 23 de outubro de 1991, a Lei nº 10.637, de 30 de dezembro de 2002, e a Lei nº 8.387, de 30 de dezembro de 1991. Brasília, DF, 2019. Disponível em: http://www.planalto.gov.br/ccivil_03/_ato2019-2022/2019/lei/L13969.htm. Acesso em: 5 jan. 2023.

CIBERCRIME atinge receita de R$ 43 trilhões e se torna a terceira economia do mundo. **Convergência Digital**, 12 set. 2022. Disponível em: https://www.convergenciadigital.com.br/Seguranca/Cibercrime-atinge-receita-de-R%24-43-trilhoes-e-se-torna-a-terceira-economia-do-mundo-61403.html?UserActiveTemplate=mobile. Acesso em: 28 dez. 2022.

JUNIOR, N. **Segurança em redes sem fio e móveis**. São Paulo: Editora Senac São Paulo, 2021.

MICROSOFT. Windows 10 Download. **Microsoft**, c2023. Disponível em: https://www.microsoft.com/pt-br/software-download/windows10. Acesso em: 9 jan. 2023.

MORETTI, R. H. **Soluções de segurança da informação**. São Paulo: Editora Senac São Paulo, 2022.

OLIVEIRA, R. C. Q. **Tópicos de segurança da informação**. São Paulo: Editora Senac São Paulo, 2019.

PATEL, N. Opt-in: o que é, quais os tipos e cuidados necessários. **Neil Patel**, [*s. d.*]. Disponível em: https://neilpatel.com/br/blog/opt-in-o-que-e/. Acesso em: 1 mar. 2023.

SEGURANÇA. *In*: DICIONÁRIO Houaiss da língua portuguesa. São Paulo: Objetiva, [*s. d.*].

SILVEIRA, C. Opt-in: o que é e como funciona? Tire todas as suas dúvidas. **All in**, 11 set. 2019. Disponível em: https://blog.allin.com.br/o-que-e-opt-in/. Acesso em: 1 mar. 2023.